Tolstoy's Short Stories

톨스토이 단편집

톨스토이 단편집

First edition: May 2011

TEL (02)2000-0515 | FAX (02)2271-0172

ISBN 978-89-17-23786-3

YBM Reading Library는 ...

쉬운 영어로 문학 작품을 즐기면서 영어 실력을 크게 향상시킬 수 있도록 개발된 독해력 완성 프로젝트입니다. 전 세계 어린이와 청소년들에게 재미와 감동을 주는 세계의 명작을 이제 영어로 읽으세요. 원작에 보다 가까이 다가가는 재미와 명작의 깊이를 느낄 수 있을 거예요.

350 단어에서 1800 단어까지 6단계로 나누어져 있어 초·중·고 어느 수준에서나 자신이 좋아하는 스토리를 골라 읽을 수 있고, 눈에 쉽게 들어오는 기본 문장을 바탕으로 활용도가 높고 세련된 영어 표현을 구사하기 때문에 쉽게 읽으면서 영어의 맛을 느낄 수 있습니다. 상세한 해설과 흥미로운 학습 정보, 퀴즈 등이 곳곳에 숨어 있어 학습 효과를 더욱 높일 수 있습니다.

이야기의 분위기를 멋지게 재현해 주는 삽화를 보면서 재미있는 이야기를 읽고, 전문 성우들의 박진감 있는 연기로 스토리를 반복해서 듣다 보면 리스닝 실력까지 크게 향상됩니다.

세계의 명작을 읽는 재미와 영어 실력 완성의 기쁨을 마음껏 맛보고 싶다면, YBM Reading Library와 함께 지금 출발하세요!

YBM Reading Library

책을 읽기 전에 가볍게 워밍업을 한 다음, 재미있게 스토리를 읽고, 다 읽고 난 후 주요 구문과 리스닝까지 꼭꼭 다지는 3단계 리딩 전략! YBM Reading Library, 이렇게 활용하세요.

Before the Story

People in the Story
스토리에 들어가기 전,
등장인물과 만나며 이야기의
분위기를 느껴 보세요~

In the Story

★ <u>스토리</u>
재미있는 스토리를 읽어요. 잘 모른다고
멈추지 마세요. 한 페이지, 또는 한 chapter를
끝까지 읽으면서 흐름을 파악하세요.

★★ 단어 및 구문 설명
어려운 단어나 문장을 마주쳤을 때,
그 뜻이 알고 싶다면 여기를 보세요.
나중에 꼭 외우는 것은 기본이죠.

Ivan gathered all the peasants in the village and drank beer with them until his words began to slur.

The little girls laughed as they watched him stumble into the woods with an empty bag in his hand, and said, "What a fool he is!"[1]

Shortly after, Ivan returned, with the bag full of gold and began to scatter gold pieces around, laughing as the peasants threw themselves to the ground, snatching and fighting.

When the gold ran out, Ivan went to the barn and found some straw. Soon a regiment of soldiers appeared in the village street. Much to the villagers' astonishment and delight, the soldiers followed Ivan's orders to sing and dance. Ivan then ordered the soldiers to return to the barn, where he turned them back into straw. Then he went home to sleep off the effects of the alcohol.[2]

★ ★ ★ **②** What did Ivan ordered the soldiers to do?
a. to sing and dance
b. to scatter gold pieces around
c. to sleep off the effects of alcohol

★ ★ ☐ slur 분명치 않게 발음하다   ☐ snatch 잡아채다, 움켜쥐다
☐ stumble into 비틀거리며 …로 걸어 들어가다   ☐ run out 바닥나다, 다하다
☐ scatter ... around …을 여기저기 흩뿌리다   ☐ barn 헛간, 광
☐ throw oneself to …에 몸을 던지다   ☐ regiment (군사) 연대

94 · Ivan the Fool

★ ★ ★ 돌발 퀴즈
스토리를 잘 파악하고
있는지 궁금하면 돌발 퀴즈로
잠깐 확인해 보세요.

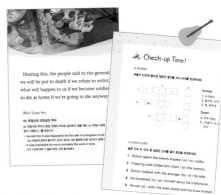

Mini-Lesson
너무나 중요해서 그냥 지나칠 수 없는
알짜 구문은 별도로 깊이 있게 배워요.

Check-up Time!
한 chapter를 다 읽은 후 어휘, 구문,
summary까지 확실하게 다져요.

Focus on Background
작품 뒤에 숨겨져 있는 흥미로운 이야기를
읽으세요. 상식까지 풍부해집니다.

After the Story

Reading X-File 이야기 속에 등장했던
주요 구문을 재미있는 설명과 함께 다시 한번~

Listening X-File 영어 발음과 리스닝 실력을 함께
다져 주는 중요한 발음법칙을 살펴봐요.

---

¹ **What + a/an + 명사(A) + 주어(B) + be동사!** B는 정말 A다!
What a fool he is! 이반은 정말 바보야!

² **sleep off the effects of the alcohol** 잠으로 술기운을 떨치다
Then he went home to sleep off the effects of the alcohol.
그 다음 이반은 잠으로 술기운을 떨치려고 집으로 갔다.

Chapter 1 • 95

MP3 Files
www.ybmbooksam.com에서 다운로드 하세요!

− YBM Reading Library −

이제 아름다운 이야기가 시작됩니다

Tolstoy's Short Stories

How Much Land Does a Man Need?

_ In the Story

Ivan the Fool

_ Before the Story

_ In the Story

_ After the Story

Leo Tolstoy (1828~1910)

레오 톨스토이는…

러시아 남부 야스나야 폴랴나의 명문 백작가에서 태어났으나 어려서 부모를 잃고 친척들의 보살핌 속에서 자랐다. 성장하여 카잔 대학에 입학한 그는 진부한 교육 현실에 실망한 나머지 학업을 중단하고 고향에 돌아와 소외 계층이었던 농민들을 위해 계몽 활동을 펼치기도 하였다.

그 후 군에 입대하여 군 생활 동안 틈틈이 글을 썼던 톨스토이는 1852년 첫 작품 〈유년 시대(Childhood)〉를 발표하여 주목 받기 시작하였고, 제대 후 고향에 정착하여 본격적인 문학 활동에 전념하였다. 그는 1869년 나폴레옹에 대한 러시아의 승리를 그린 〈전쟁과 평화(War and Peace)〉를 발표하여 문단의 호평을 얻었고 1877년 어긋난 사랑의 종말을 통해 당시 사회의 모순을 비판한 〈안나 카레니나(Anna Karenina)〉와 1899년 죄의식과 회개를 주제로 인간 심리를 치밀하게 묘사한 〈부활(Resurrection)〉 등의 걸작을 발표하여 러시아를 대표하는 작가로서 세계적인 명성을 떨치게 되었다.

82세의 나이로 생을 마감할 때까지 여러 작품을 통해 참된 사랑과 진정한 선을 실천하는 것이야말로 가치 있는 삶이라는 것을 일깨운 톨스토이는 인류의 예술적 경지를 한 단계 발전시킨 위대한 문호로 평가 받고 있다.

What Men Live by

〈사람은 무엇으로 사는가〉는 세 가지 진리를 깨달으라는 하느님의 명을 받고 인간 세상에 온 천사 미하일이 구두 수선공 시몬과 그를 찾아온 손님들을 만나면서 진리를 하나씩 깨달아 간다는 이야기로, 사람은 자신을 돌보는 이기적인 사랑이 아니라 남을 배려하고 희생하는 이타적인 사랑으로 살아간다는 진리를 전한다.

How Much Land Does a Man Need?

〈사람에게는 얼마만큼의 땅이 필요한가?〉는 땅이 많으면 행복해질 거라고 믿었던 농부 파흠이 많은 땅을 소유하게 되자 이에 만족하지 못하고 점점 더 많은 땅을 원하다가 결국 불행한 최후를 맞게 된다는 이야기로, 인간의 내면에 도사리고 있는 탐욕과 어리석음에 경종을 울리고 있다.

Ivan the Fool

〈바보 이반〉은 악마들의 온갖 방해와 유혹에도 불구하고 성실하게 농사일을 하며 가족을 부양하는 이반을 통해 돈과 명예보다 소박하고 정직하게 살아가는 삶의 소중함과 노동의 신성함을 되새기게 한다.

a Beautiful Invitation
– YBM Reading Library

What Men Live by

Leo Tolstoy

People in the Story

<사람은 무엇으로 사는가>에 등장하는 인물들을 살펴볼까요?

Matryona
시몬의 아내. 가난하지만,
미하일에게 연민을 느끼고
얼마 남지 않은 양식을
대접한다.

Simon
가난한 구두장이. 우연히 낯선
*남자를 구해주고 함께 살게
되는데, 후에 그가 천사임을
알고 큰 감동을
받는다.

Michael
하느님의 명으로 지상에 내려 온
천사. 시몬을 만나 함께 살면서
세 가지 진리를 깨닫는다.

Gentleman
부유한 신사. 일 년을 계획하며
부츠를 주문하지만 그날 자신에게
닥칠 불행은 알지 못한다.

Woman
쌍둥이 소녀들을 길러 준 부인.
고아가 된 소녀들을 친딸처럼
기른다.

Twin Girls
태어나자마자 고아가 된 쌍둥이
소녀들. 이웃 부인의 온정으로
건강하게 자라난다.

The Stranger

낯선 사람

A shoemaker named Simon supported his family by making and repairing shoes. His poverty was so severe that he had to share an old coat with his wife. It was terrible that only one of them could go out at a time during winter. He had been saving to purchase sheepskins for a new coat and when autumn came he had three rubles* saved. He also had the five rubles and twenty kopecks* owed to him by his customers in the village.

ruble과 kopeck은 러시아의 화폐 단위로 1 ruble은 100 kopecks랍니다.

- □ support 부양하다
- □ repair 수리하다
- □ poverty 가난, 빈곤
- □ severe 극심한, 심각한
- □ at a time 한 번에
- □ purchase 구입하다
- □ sheepskin (양털이 있는) 양가죽
- □ save 모으다, 저축하다
- □ owe A to B A를 B에게 빚지다
- □ customer 손님, 고객
- □ A is due (for) B A는 B를 받을 자격이 있다

- □ felt 펠트 (모직이나 털을 압축해서 만든 두꺼운 천)
- □ downhearted 낙담한
- □ spend A on B A를 B에 쓰다 (spend - spent - spent)
- □ head for …로 향하다
- □ frozen 언, 얼어붙은
- □ mutter to oneself 혼잣말로 중얼거리다
- □ misfortune 불행, 불운
- □ twilight 해 질 녘, 황혼
- □ freezing cold 매서운 추위

One morning Simon gathered all his money together and went out to purchase the sheepskins. He needed to collect the money he was due, so he knocked on the doors of his customers, but all he got was twenty kopecks and a pair of felt boots to repair.

He felt so downhearted that he spent the twenty kopeks on vodka.* Then he headed for home, trudging along [1] slowly over the frozen earth, muttering to himself about his misfortune. It was already twilight, and freezing cold chilled him to the [2] marrow.

vodka는 러시아산으로 매우 독한 술이에요.

---

[1] **trudge along** 터덜터덜 걸어가다
Then he headed for home, trudging along slowly over the frozen earth.
그러고는 그는 얼어붙은 땅 위로 천천히 터덜터덜 걸어 집으로 향했다.

[2] **chill ... to the marrow** ⋯을 뼛속까지 시리게(오싹하게) 하다
It was already twilight, and freezing cold chilled him to the marrow. 이미 해 질 녘이 되었고 매서운 추위가 그를 뼛속까지 시리게 했다.

1 **get involved** 말려들다, 휘말리다
If I get involved, I shall surely get into trouble.
만약 내가 말려들었다가는, 분명히 곤경에 빠지게 될 거야.

About halfway home Simon came to a holy shrine and noticed something white behind it. He strained his eyes to try to make out what it was. Coming closer, he saw to his surprise that it was a naked man! Terror seized the shoemaker.

He thought, "Robbers have killed him and stripped him. If I get involved, I shall surely get into trouble." [1]

Simon hurried on, and after he had passed, he glanced back. Then, he felt more frightened than before because apparently the man was now moving and watching him.

"If I go back to help him," he thought, "something dreadful might happen. He may jump and strangle me. And if he didn't, what could I do with him? Would I give him my own clothes and take him with me? That would be absurd."

- □ holy shrine (성인의 유골이나 유물을 모신) 성당, 사당
- □ strain one's eyes 눈을 크게 뜨다
- □ make out 알아보다, 분간하다
- □ to one's surprise 놀랍게도
- □ naked 벌거벗은
- □ seize (감정이 사람)을 덮치다, 엄습하다
- □ robber 강도, 도둑
- □ strip …의 옷을 벗기다 (strip - stripped - stripped)
- □ get into trouble 곤경에 빠지다
- □ glance back 뒤를 흘긋 돌아보다
- □ frightened 깜짝 놀란, 겁이 난
- □ than before 전보다
- □ apparently 아무래도 …같은, 보아하니
- □ dreadful 끔찍한
- □ strangle 목 졸라 죽이다
- □ absurd 터무니없는, 말도 안 되는

So the shoemaker went on until his conscience struck him, and he stopped in the road.

"Ah, Simon, shame on you," he said to himself as he turned back.

Simon saw that the stranger was a young man, fit, and with no bruises on his body. He was obviously freezing and frightened. As Simon drew closer to him, the man seemed to wake up and look hard at Simon's face. That one look was enough to make Simon fond of the man. He gave his coat to the man and helped him put on the felt boots.

"There, friend," Simon said. "Can you walk?"

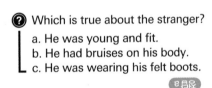

❓ Which is true about the stranger?
a. He was young and fit.
b. He had bruises on his body.
c. He was wearing his felt boots.

정답 a

□ conscience 양심, 양심의 가책
□ shame on you 부끄러운 줄 알아라
□ fit 건강한
□ bruise 멍, 타박상
□ obviously 확실히, 분명히
□ freezing 몹시 춥게 느끼는
□ draw close to …에 가까이 다가가다
 (draw-drew-drawn)

□ wake up 정신을 차리다
□ look hard at …을 응시하다
□ fond of …을 좋아하는
□ put on …을 신다(입다, 쓰다)
□ there (사람의 관심을 끌 때) 자, 이봐
□ in reply 대답으로
□ punish (사람·죄를) 벌하다
□ by one's side …의 곁에

The man stood up and looked
kindly at Simon, but did not say a
word. Simon asked the man where
he had come from, what had
happened to him, and many
other questions, but all he
would say in reply was, ☀
"I may not tell," and
"God has punished me."
As Simon walked home
with the stranger by his side,
he worried what his wife would say.
But when he looked at the stranger and
remembered how he had looked up at him by
the shrine, his heart was glad. 여기서 may not은 '…하면 안 된다'라는
뜻으로 금지를 나타낸답니다.

Mini-Less☀n

전형적인 행동을 나타내는 would

다른 사람이 매번 하는 일이 마음에 들지 않을 때는 조동사 would를 사용하여
못마땅함을 나타낼 수 있어요. 해석은 '늘 …하다' 로 하면 돼요.

• But all he would say in reply was, "I may not tell," and "God has punished me."
  하지만 그는 대답으로 늘 '전 말하면 안 돼요.'와 '하느님이 절 벌하셨어요.'라고 말했다.

• She would cause the whole class to get into trouble when she misbehaved.
  그녀가 못된 짓을 하면 늘 반 전체가 곤경에 빠진다.

1 **as if** 마치 …인〔하는〕 것처럼

Simon took off his hat and sat down at the table as if everything
was fine. 시몬은 마치 모든 것이 괜찮은 것처럼 모자를 벗고 식탁에 앉았다.

Simon's wife was wondering how to make the bread last until tomorrow when Simon came in, bringing a man without a hat wearing felt boots. Matryona noticed at once that her husband smelled of spirits, and that he was coatless and had brought no parcel.

"He's drunk the money," she thought, "and this is the layabout he was drinking with."

Simon took off his hat and sat down at the table as if [1] everything was fine.

"Come on Matryona," he said, "if supper's ready, let us have some."

Matryona shouted as her anger boiled over, "You went to buy sheepskins and brought back a naked fool! I have no supper for drunkards who have lost their minds!"

"That's enough, Matryona," Simon said as he drew the three rubles from the pocket. "Here is the money. Trifonof did not pay, but promised to pay soon."

□ last (얼마 동안) 쓰일 만하다
□ at once 즉시, 바로
□ smell of spirits 술 냄새가 나다
□ coatless 코트를 입지 않은
□ parcel 꾸러미
□ drink (돈·시간)을 술로 낭비하다
　(drink-drank-drunk)
□ layabout 부랑자, 게으름뱅이

□ take off …을 벗다
□ supper 저녁
□ anger 노여움
□ boil over 끓어 넘치다, 폭발하다
□ drunkard 주정뱅이, 술고래
□ lose one's mind 미치다, 실성하다
□ draw A from B A를 B에서 꺼내다

Matryona snatched up the money and cried, "My mother was right! I should never have married you!" [1]

She scolded him loudly, dragging in things that had happened ten years before.

When Matryona finally stopped, Simon told her how he had found the man.

He said, "God sent him to me, or he would have died. Don't be so angry, Matryona. It is a sin. Remember, we all must die someday."

Angry words rose to Matryona's lips, but she looked at the stranger and was silent. He sat on the edge of the bench, motionless, with his eyes closed and his brow ☀ knitted as if he was in pain.

□ snatch up 잡아채다, 낚아채다
□ drag in (이야기 내용과 상관없는)
　…을 끌어들이다
□ or 그렇지 않으면(않았더라면)(= if not)
□ sin 죄, 죄악
□ must (필연) 반드시 …하다
□ rise to one's lips (말이) …의 입으로
　나오려 하다, 나오다 (rise - rose - risen)
□ on the edge of …의 가장자리에

□ motionless 움직이지 않는
□ knit (이마·눈썹)을 찌푸리다
　(knit - knitted - knitted)
□ be in pain 괴로워하다, 아파하다
□ soften (마음이) 누그러지다
□ touched with pity for
　…에 대한 측은한 마음이 들어
□ clear away …을 치우다
□ upset 속상한, 마음이 상한

---

1 **should never have + p.p.** 결코 …하지 말았어야 했다
I should never have married you!
난 결코 당신과 결혼하지 말았어야 했어요!

Simon said, "Matryona, have you no love of God?"

Matryona heard these words, and as she looked at the stranger her heart suddenly softened toward him. She went to the oven and brought out the last piece of bread.

"Eat, if you want to," she said, touched with pity for the stranger.

At once the stranger raised his eyes and smiled brightly at her. When they had finished supper, the woman cleared away the things and began questioning the stranger. But all she heard was that God had punished him.

Matryona felt upset when she lay in bed that night, thinking that there was no bread for tomorrow, but when she remembered how the stranger had smiled, her heart felt glad.

Mini-Lesson

with + 목적어(A) + p.p.(B): A를 B한 채
동시에 일어나는 두 동작을 나타낼 때 주절과 함께 「with + 목적어(A) + p.p.(B)」를 쓰면 'A를 B한 채' 라는 표현이 만들어진답니다.

- He sat on the edge of the bench, motionless, with his eyes closed and his brow knitted as if he was in pain.
  그는 마치 괴로운 듯이 눈을 감고 이맛살을 찌푸린 채, 움직이지 않고 긴 의자의 가장자리에 앉아 있었다.
- My mother was standing at the door with her arms folded.
  엄마는 팔짱을 낀 채 문가에 서 있었다.

When Simon woke up in the morning, his wife had gone to a neighbor's to get some bread and the stranger was sitting alone, looking upward.

Simon said to the stranger, "What work do you do?"

"I don't know how to work," he said.

"What is your name?"

"Michael."

- □ neighbor's 이웃집
- □ one's business …의 사정, 관심사
- □ earn a living 생계를 꾸리다
- □ shelter 쉴 곳; 피난처
- □ wrap A around B A를 B에 감다
- □ twist 돌리다, 꼬다

- □ sew 바느질하다, 꿰매다
  (sew - sewed - sewn (sewed))
- □ neat 솜씨 좋은, 훌륭한
- □ fame 명성
- □ spread (명성, 소문이) 퍼지다

1 **May + 주어(A) + 동사원형(B)!** (기원문) A가 B하기를!
   May God reward you! 하느님이 당신에게 은총을 베푸시기를!

"Well, if you don't want to talk about yourself, that's your business. But you'll have to earn a living. If you work as I tell you, I will give you food and shelter."

"May God reward you! I will learn. Show me what to [1] do."

Simon took some thread, wrapped it around his thumb and began to twist it. Michael watched him and did it exactly the same way. Whatever Simon showed him, he understood at once, and after three days he worked as if he had sewn boots all his life. He worked ☀ without stopping, ate little, and when work was over he sat silently, looking upward.

After a year people began to say that no one could make such neat, strong boots as Michael. His fame spread all over the area and many people came to him to have their boots made.

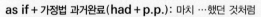

Mini-Less ☀n　　　　　　　　　See p.114

as if + 가정법 과거완료(had + p.p.): 마치 …했던 것처럼

'마치 …인 것처럼'을 뜻하는 as if 다음에 가정법 과거완료, 즉 「had + p.p.」가 오면 주절보다 더 전에 일어난 사실을 가정하는 표현이 만들어진답니다.

• After three days he worked as if he had sewn boots all his life.
　사흘 후 미하일은 마치 평생 부츠를 바느질했던 것처럼 일했다.

• She acts as if she had never seen me before.
　그녀는 마치 전에 나를 본 적이 없었던 것처럼 행동한다.

Check-up Time!

● WORDS

퍼즐의 빈칸에 들어갈 알맞은 철자를 써서 단어를 완성하세요.

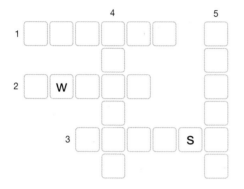

Across

1. 수리하다
2. 돌리다, 꼬다
3. 멍, 타박상

Down

4. 터무니없는
5. (마음이) 누그러지다

● STRUCTURE

괄호 안의 두 단어 중 알맞은 단어를 골라 문장을 완성하세요.

1 Simon spent the twenty kopeks (on / to) vodka.

2 Freezing cold chilled him (from / to) the marrow.

3 Simon walked with the stranger (by / in) his side.

4 He muttered (to / on) himself about his misfortune.

5 He sat (at / with) his eyes closed and his brow knitted.

 ANSWERS

본문의 내용과 일치하면 T, 일치하지 않으면 F에 표시하세요.

1 Simon gave the felt boots to Michael. ☐T ☐F

2 Michael jumped and tried to strangle Simon. ☐T ☐F

3 Simon was coatless when he came home. ☐T ☐F

4 Matryona noticed Michael smelled of spirits. ☐T ☐F

● SUMMARY

빈칸에 맞는 말을 골라 이야기를 완성하세요.

A poor shoemaker, Simon had saved some money to buy (　　), but didn't have enough. He went to collect the money he was due but failed to get all of it. On the way home, he found a naked stranger by a (　　) and was very afraid but also touched with pity. Simon took him home, where his wife got very angry and scolded Simon. However, she gave the stranger (　　). Simon taught the stranger, Michael, how to work and soon he could make excellent (　　).

a. holy shrine   b. sheepskins

c. bread   d. boots

Michael's Secret

미하일의 비밀

One winter day, Simon and Michael were working when a fancy carriage drove up to the house.

A gentleman in a fur coat got out and stooped to enter the house. When he drew himself up again, his head nearly touched the ceiling. He was huge and seemed to be cast in iron. Simon rose, bowed, and looked at him in astonishment.

The gentleman threw off his fur coat, sat down on the bench, and unwrapped a parcel.

"Look here, shoemaker," he said. "Do you see this leather?"

"Yes, your Honor,*" said Simon.

"It's German leather, the finest in the world, and it cost me twenty rubles. Now, can you make it into boots [1] for me?"

"Yes, your Excellency,* I can." your Honor와 your Excellency는
신분이나 지위가 높은 사람에 대한 호칭이에요.

"You think you can, do you?" shouted the gentleman. "I warn you now, if your boots lose shape or come unstitched within a year, I will put you in prison. But if they keep their shape for a year, I will pay you ten rubles for your work."

□ fancy 화려한; 고급의
□ drive up to (차·마차가) …로
　다가오다 (drive – drove – driven)
□ stoop 몸을 굽히다
□ draw oneself up 똑바로 서다
□ be cast in iron 철로 주조되다
　(cast – cast – cast)
□ in astonishment 놀라서
□ throw off 벗어 던지다
　(throw – threw – thrown)

□ unwrap 풀다, 뜯다
　(unwrap – unwrapped – unwrapped)
□ cost + 사람(A) + 가격(B) A에게
　B의 비용이 들게 하다
□ lose (one's) shape 형태가 망가지다
　(↔ keep (one's) shape)
□ come unstitched (솔기가) 풀어지다
□ put(throw) ... in prison
　…을 감옥에 가두다

1　**make A into B** A로 B를 만들다 (= make B out of A)
　Now, can you make it into boots for me?
　자, 나를 위해 이것으로 부츠를 만들어 줄 수 있겠소?

Being frightened and not knowing what to say, Simon glanced at Michael and whispered, "Shall I take the work?"

Michael nodded his head, so Simon began measuring the gentleman's feet. The gentleman twitched his toes in his socks and looked around impatiently. He saw Michael gazing into the corner, smiling brightly as if he saw someone there.

"What are you grinning at, you fool?" thundered the gentleman. "You had better have the boots ready in time."

He put on his boots and his fur coat, and went to the door. But he forgot to duck and struck his head on the door frame. Cursing and rubbing his head, he got into his carriage and his servant drove away.

Simon said to Michael, "Well, we've taken the work, but we must be careful or we'll get into trouble. The leather is very expensive and the gentleman is hot-tempered. It's crucial that we don't make any ☀ mistakes. Here, your eyes are better and your hands have become nimbler than mine. Take this leather and cut out the boots."

- □ glance at …을 흘긋 보다
- □ twitch 실룩실룩 움직이다
- □ impatiently 조바심하며
- □ gaze into …을 응시하다
- □ grin at …을 보고 싱긋 웃다
- □ thunder (화가 나서) 고함치다
- □ had better + 동사원형
  …하는 편이 좋다〔낫다〕
- □ in time 제 시간에

- □ duck (머리나 몸을) 숙이다
- □ curse 욕을 하다
- □ rub 문지르다 (rub – rubbed – rubbed)
- □ drive away (차·마차를 몰고) 가버리다
- □ hot-tempered 성급한, 화를 잘 내는
- □ crucial 중대한, 결정적인
- □ nimble 민첩한, 재빠른
- □ cut out (잘라서) …을 만들다

Mini-Lesson

진주어 vs. 가주어

It's crucial that we don't make any mistakes.(우리가 실수를 저지르지 않는 것이 중요하네.)에서 주어는 that 이하의 절인데요, 주어가 길어서 It을 대신 쓴 것이랍니다. 이때 It을 '가주어', that 이하의 절을 '진주어'라고 해요.

• It's true that she told a lie. 그녀가 거짓말을 했던 것은 사실이다.

The next day Simon saw that Michael had made
slippers out of the gentleman's leather.

He groaned as he thought, "Why did Michael make
his first mistake now? This is awful. I can never replace
this leather. I'll be thrown in prison."

And he said to Michael, "What are you doing, friend?
You have ruined me! You know the gentleman wants
high boots!"

At that moment a knock came upon the door. It was
the servant who had driven the gentleman's carriage.

"My master no longer needs the boots," said the servant. "He is dead."

"What happened?" said Simon.

"He died in the carriage after leaving you. When we opened the door at home, he was so stiff we could hardly get him out. My mistress sent me here to tell you that now we need soft slippers for the corpse. She told me to wait till they are ready, and then take them home with me."

Michael took the soft slippers he had made from the workbench, dusted them off, wiped them with his apron, and gave them to the servant.

? Which is not true?
- a. The gentleman died in the carriage.
- b. The gentleman's wife sent the servant to Simon.
- c. The gentleman wanted soft slippers instead of boots.

□ groan 신음 소리를 내다
□ awful 끔찍한, 터무니없는
□ replace 대체하다
□ be thrown in prison 감옥에 가두어지다
□ ruin 망치다, 파멸시키다
□ high boots 목이 긴 부츠, 장화
□ master 남자 주인

□ stiff 굳은, 뻣뻣한
□ hardly 거의 …않다
□ mistress 여자 주인
□ corpse (사람의) 시체
□ workbench (목공 따위의) 작업대
□ dust ... off …의 먼지를 털다
□ wipe 닦다, 훔쳐 내다
□ apron 앞치마

Time passed, and Michael was living his sixth year with Simon. He still went nowhere, only spoke when [1] necessary, and had only smiled twice in all those years: once when Matryona gave him food, and the second time when the gentleman was in the house.

They were all at home one day when one of the children said, "Look, Uncle Michael! There is a lady coming with two little girls and one of the girls is limping."

Michael dropped his work and leaned toward the window, staring intently. He had never cared to look out at the street before, but now his face seemed glued to the window.

When the woman was offered a chair and seated, her girls pressed against her knees, afraid of the people in the house. Simon was amazed to see Michael watching the girls very closely as if he knew them.

The woman lifted the lame girl onto her lap and said, "Make one shoe for the lame foot, and three normal shoes for the others. The girls are twins so their feet are the same size."

As Simon measured the lame girl, he said, "She is such a pretty girl. Was she born like this?"

"No. Her mother crushed her leg."

☐ limp 발을 절며 걷다
☐ drop (하던 일)을 중단하다
☐ lean 몸을 기울이다
☐ stare intently 유심히 쳐다보다
☐ care to + 동사원형 관심을 가지고 …하다

☐ glued to …에 달라붙은
☐ press against (밀착하여) …을 누르다
☐ lame 절름발이의, 불구의
☐ lap (허리에서 무릎 관절까지의) 무릎
☐ normal 정상적인; 정상
☐ crush 뭉개다, 눌러 부수다

---

1 **when necessary** 필요한 경우에
He still went nowhere, only spoke when necessary.
그는 여전히 아무 데도 가지 않고, 필요한 경우에만 말을 했다.

The woman told them the whole story.

She said, "Their father was a woodcutter who was killed in the forest by a falling tree three days before they were born. Their mother was alone when she gave birth to them, and she died alone. As she died she had rolled on to this child and crushed her leg. Next morning I found her dead, and the villagers came together, washed her body, made a coffin and buried her, but what was to be done with the babies? I was [1] the only woman who had a baby at that time. So I took them and fed them with my own boy at my own breast. And God ordered that these two should grow up, while my own died. I had no more children of my own, so I would be so lonely without these girls. I love them and they are the joy of my life!"

Matryona sighed, and said, "The proverb is true: One may live without a father or mother, but one can't live without God."

Suddenly the whole house was lit up as if by lightning from the corner where Michael sat. They saw that a light shone from Michael, who was sitting, looking upward and smiling.

□ woodcutter 나무꾼, 벌목꾼
□ give birth to …을 낳다
□ roll on to …위로 굴러가다
□ coffin 관
□ bury 묻다 (bury – buried – buried)

□ feed …에게 젖〔음식〕을 먹이다
   (feed – fed – fed)
□ of one's own 자기 자신의
□ proverb 속담
□ be lit up as if by lightning 마치 번개
   라도 맞은 듯 밝아지다 (light – lit – lit)

1 **be to + 동사원형** …해야 하다

But what was to be done with the babies?
하지만 아이들을 어떻게 해야 했을까요?

1 **what ... for** 무엇 때문에 (= why)

Tell me, Michael, what did God punish you for?
말해 주게나, 미하일, 무엇 때문에 하느님이 자네를 벌했나?

When the woman went away with the children, Simon bowed down to Michael.

He said, "I can see, Michael, that you are not a common man. You have smiled three times in all these years, and each time your face shines so brightly."

Michael answered, "Light shines from me because I had been punished but now God has pardoned me. I smiled three times because God sent me to learn three truths, and I have learned them."

Simon said, "Tell me, Michael, what did God punish [1] you for? And what were the three truths?"

Michael said, "God punished me for disobeying Him. I was an angel in heaven and God sent me to fetch the soul of a woman who had just given birth to twin girls. When she saw me, she begged me not to take her soul because children can't live without a father or mother. I agreed with her, so I returned to God without her soul."

□ **bow down to** 머리를 조아려 …에게 절하다
□ **common** 보통의, 평범한
□ **pardon** (죄 · 죄인)을 용서하다 (= forgive)
□ **punish A for B** B 때문에 A를 벌하다

□ **disobey** (사람 · 명령)에 거역하다
□ **fetch** (가서) 가지고 오다
□ **beg + 목적어(A) + not to + 동사원형(B)** A에게 B하지 말라고 애원하다 (beg - begged - begged)
□ **agree with + 사람** …에 동의하다

The angel continued with his story.

He said, "God said, 'Go and take the mother's soul, and learn three truths. Learn what is in men, what is not given to men, and what men live by. When you ☀ have learned these things, you shall return to heaven.' So I flew back to earth and as I took the mother's soul, her body rolled over, crushing one baby's leg. As I rose above the village with her soul, my wings dropped off and I fell while her soul rose to God."

□ continue with …을 계속하다
□ earth (천국 · 지옥에 대하여) 세상
□ roll over 데굴데굴 구르다
□ drop off 떨어져 나가다
□ weep with joy 기뻐서 울다
　(weep - wept - wept)
□ starving 굶주린, 몹시 배고픈
□ frozen 추워서 꽁꽁 얼 것 같은

□ turn away from …을 외면하다
□ pass by 지나가다
□ despair 절망
□ recognize (존재)를 인식하다
□ presence 존재, 실재
□ clothe …에게 옷을 입히다
□ spirit 기운, 영혼
□ realize 깨닫다, 이해하다

Mini-Less☀n
See p.115

때와 조건을 나타내는 부사절의 시제

When you have learned these things, you shall return to heaven.
'네가 이것들을 깨우치게 되면, 천국으로 돌아올 수 있으리라.'에서 when절에 현재완료 시제 have learned를 쓴 것은 때와 조건을 나타내는 부사절에서는 미래완료 시제 대신 현재완료 시제를 쓰기 때문이에요.

• If you have passed the test, you will have a chance to study abroad.
네가 시험을 통과하게 되면, 해외 유학을 할 기회를 얻게 될 거야.

When Simon and Matryona understood that they had lived with an angel, they wept with joy.

And the angel said, "I was alone in the field, naked, starving and frozen, and didn't know what to do. So I took shelter behind a nearby shrine and then I saw a [1] man coming along the road. His face seemed terrible, and I turned away from it. He passed by and I felt despair, but then I heard the man coming back. When I looked up, he hardly seemed like the same man. I had seen death in his face before, but now he looked alive. I recognized the presence of God in him. He clothed me and took me to his home where a woman lived who was more terrible than the man had been. The spirit of death came from her mouth until the moment her husband spoke to her about God, and the woman changed at once. When she brought me food, I saw that death was no longer in her. Then I remembered God's first lesson: Learn what is in men, and I realized that Love is in men! I was so happy that I smiled for the first time."

---

[1] **take shelter** 피하다, 대피하다
So I took shelter behind a nearby shrine.
그래서 저는 근처의 성당 뒤로 피했어요.

- □ last (손상되지 않고) 지속하다, 견디다
- □ crack 째지다, 갈라지다
- □ comrade 동료
- □ sunset 일몰
- □ plan for …의 계획을 세우다
- □ perceive 이해하다, 깨닫다
- □ patiently 참을성 있게
- □ care for …을 돌보다
- □ nurse …에게 젖을 먹이다, 기르다
- □ raise 키우다, 기르다
- □ reveal 나타내다, 밝히다

The angel continued.

"I was living with you," he said, "when a man came to order boots that must last a year without losing shape or cracking. I saw my comrade, the angel of death, appear behind him. Only I could see the angel, and I knew that before sunset he would take that rich man's soul. I thought to myself, 'He is planning for a year, and [1] does not know that he will die before evening.' And I remembered God's second lesson: Learn what is not given to men. I perceived that it is not given to men to know their own needs, and then I smiled for the second time. I waited patiently for six years to realize the third and last lesson, until this woman came with the twin girls. I recognized them at once, heard how they had been cared for, and thought, 'A stranger has nursed them and raised them.' I saw God living in her and I understood what men live by. At that moment, I knew that God had revealed to me the last truth, and had forgiven my sin, and I smiled for the third time."

---

1 **think to oneself** 마음 속으로 생각하다
I thought to myself, 'He is planning for a year, and does not know that he will die before evening.' '저 사람은 1년의 계획을 세우지만 저녁이 되기 전에 죽을 것을 모르는구나.' 하고 저는 마음 속으로 생각했어요.

The angel's body was clothed in light so bright that no eye could look at him. He sang a hymn of praise to God and his voice grew louder, until it seemed to come from heaven above.

The angel said, "Men don't live by caring for themselves, but they live by love. I have learned that God doesn't want men to live selfishly, and that he wishes them to live in union. He who has love is in God,[1] and God is in him because God is love."

All of a sudden the house trembled at his voice, the roof opened, and a column of fire rose from the earth to heaven. Simon, his wife, and their children fell prostrate to the ground. Wings appeared upon the angel's shoulders, and he rose into the sky. When Simon opened his eyes, the house was back to normal and there was no one in it except for his own family.

□ be clothed in …로 뒤덮이다
□ hymn of praise 찬송가
□ selfishly 이기적으로, 제멋대로
□ in union 협조하여, 공동으로
□ all of a sudden 갑자기 (= suddenly)
□ tremble 흔들리다

□ a column of fire 불기둥
□ fall prostrate 납작 엎드리다
  (fall - fell - fallen)
□ be back to normal
  원래대로 돌아오다
□ except for …을 제외하고 (= but)

1 **he who** …하는 사람
   He who has love is in God, and God is in him because God is love. 사랑이 있는 사람은 하느님 안에 있고, 하느님이 그 사람 안에 있으니 이는 하느님이 사랑이기 때문입니다.

 Check-up Time!

● **WORDS**

다음 단어와 단어의 뜻을 서로 연결하세요.

1 stoop •　　　　　• a. to make a deep long sound showing pain or happiness

2 groan •　　　　　• b. the feeling that there is no hope and nothing will improve

3 despair •　　　　　• c. dead body, especially the body of a human being

4 corpse •　　　　　• d. to bend the body forward and downward

● **STRUCTURE**

It〔it〕이 보기와 같은 뜻으로 쓰인 문장을 고르세요.

> <u>It</u> is crucial that we don't make any mistakes.

a. As <u>it</u> grew dark, I headed for home.

b. <u>It</u> is fortunate that you didn't get hurt.

c. Now, can you make <u>it</u> into boots for me?

d. <u>It</u> is the servant who drove the carriage.

● COMPREHENSION

다음은 누가 한 말일까요? 기호를 써넣으세요.

a.

Simon

b.

Gentleman

c.
Michael

1 "I saw that death was no longer in her." _____

2 "Take this leather and cut out the boots." _____

3 "You had better have the boots ready in time." _____

● SUMMARY

빈칸에 알맞은 말을 골라 이야기를 완성하세요.

> While living with Simon's family, Michael smiled three times: when Matryona gave him food, when a gentleman ordered (　　), and when a woman came with (　　). Michael told Simon's family that he was an (　　). God had ordered him to learn three (　　) and he smiled each time he learned one of them. Then, clothed in light, he returned to heaven.

a. twin girls　　b. truths　　c. angel　　d. boots

ANSWERS

Summary | d, a, c, b
Comprehension | 1. c　2. a　3. b

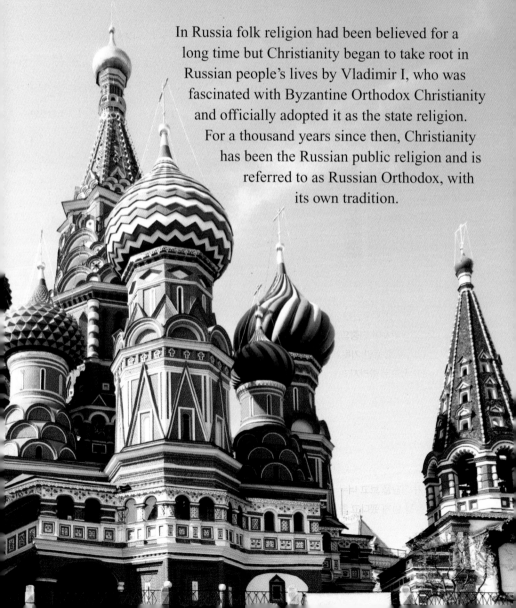

러시아 정교

Russian Orthodox

In Russia folk religion had been believed for a long time but Christianity began to take root in Russian people's lives by Vladimir I, who was fascinated with Byzantine Orthodox Christianity and officially adopted it as the state religion. For a thousand years since then, Christianity has been the Russian public religion and is referred to as Russian Orthodox, with its own tradition.

Russian Orthodox cathedrals, likewise, developed their own distinctive and beautiful architectural style. The most notable feature of Russian Orthodox cathedrals is the onion-shaped roof, "Kupol (dome in English)". The Kupol was modeled on a candle flame rising into the sky and symbolizes the flame of the Holy Spirit and purification. The greatest of all the cathedrals is considered to be Saint Basil's cathedral, which evokes admiration of people around the world with its brilliant colors and unique shapes. It was built by Ivan IV, and a legend has it that he was so amazed at the sight of the cathedral that he blinded the architect to prevent him from recreating the cathedral elsewhere.

러시아에서는 오랫동안 민간신앙이 믿어져 왔지만, 비잔틴 정교에 매료된 블라디미르 1세에 의해 기독교가 러시아 민중의 삶에 뿌리내리기 시작했고 공식적으로 국교로 정해졌어요. 그 후 천 년여 세월 동안 기독교는 러시아 민중의 종교로 자리잡게 되고, 독자적인 전통으로 인해 러시아 정교로 불려지고 있답니다.

러시아 정교의 성당들도 마찬가지로 자신들만의 독특하고 아름다운 건축 양식을 발전시켰어요. 가장 주목할 만한 러시아 성당의 특징은 양파 머리 모양의 지붕, 즉 꾸뽈(둥근 지붕이란 의미) 이에요. 꾸뽈은 촛불이 하늘로 치솟은 모양을 본뜬 것으로 성령의 불꽃과 정화를 상징한답니다. 러시아 정교의 성당들 중 백미는 성 바실리 성당으로 여겨지고 있는데요, 화려한 색채와 독특한 모양으로 세계인의 경탄을 자아내지요. 성 바실리 성당은 이반 4세에 의해 지어졌는데, 전설에 의하면 그가 성당을 보고 너무나 감탄한 나머지 건축가가 이 성당을 다른 곳에서 재현하지 못하도록 눈을 멀게 했다고 합니다.

a Beautiful Invitation
— YBM Reading Library

How Much Land Does a Man Need?

Leo Tolstoy

The Devil's Plan
악마의 계획

Pahom was a hardworking peasant who lived simply with a wife and family he loved. The only problem was that he didn't have enough land. No matter how careful [1] Pahom was, now and again his horse got into the nearby landowner's estate and ate her oats, or his cow strayed into her garden. He always had to pay a fine, which made him grumble. He would go home in a temper and be rough with his family.

□ peasant 농부
□ now and again 때때로, 종종
□ landowner 토지 소유자, 지주
□ estate 소유지
□ oat (가축의 사료) 귀리
□ stray into (길을 잃어) …로 들어가다
□ fine 벌금, 과료

□ grumble 불평하다, 투덜거리다
□ in a temper 발끈 화내어
□ be rough with …에게 거칠게 대하다
□ fear 무서워하다, 겁내다
□ lurk behind …뒤에 숨다
□ potbelly stove (올챙이배처럼) 배가 불룩한 난로

1 **No matter how + 형용사 + 주어 + 동사** 아무리 …해도
No matter how careful Pahom was, now and again his horse got into the nearby landowner's estate and ate her oats. 파홈이 아무리 조심해도, 때때로 그의 말이 근처 지주의 소유지로 들어가서 그곳의 귀리를 먹곤 했다.

One time he yelled, "If I had a lot of land, I wouldn't fear the devil himself!"

The Devil was lurking behind the potbelly stove and was pleased to hear what Pahom said.

"All right," thought the Devil, "I'll give you land, and through that land I will get you into my power." [2]

---

[2] **get A into B's power** A를 B의 세력권 안에 넣다
I'll give you land, and through that land I will get you into my power. 내가 너에게 땅을 주고, 그 땅을 통해 너를 나의 세력권 안에 넣을 것이다.

□ **be crushed** 짓눌리다, 뭉개지다
□ **hire out A as B** (돈을 받고) A를 B로서
　일하러 보내다
□ **laborer** 노동자, 인부
□ **wage** 임금, 품삯

□ **in advance** 미리
□ **scrape together** …을 어렵게 모으다
□ **crop** (한 철의) 수확량
□ **plow** 경작하다; 쟁기
□ **fill with** …로 가득 차다

1　**pay off one's debt to** …에게 진 빚을 갚다
　Within a year he had paid off his debt to his brother-in-law.
　일 년 안에 그는 매형에게 진 빚을 갚았다.

2　**now that** 이제 …하니까, …이므로
　The land seemed special now that he owned it.
　이제 그가 땅을 소유하니까 그 땅이 특별해 보였다.

That winter, the landowner decided to sell her land, so Pahom spoke to his wife.

"We must buy twenty acres or so," he said. "Life is impossible when we are being crushed by fines." ☀

They only had one hundred rubles saved, so they sold a horse and half of their bees. Then they hired out one of their sons as a laborer and took his wages in advance. They borrowed the rest of the money from a brother-in-law and so scraped together the purchase money.

So now, Pahom became a landowner. The first crop was a good one and within a year he had paid off his [1] debt to his brother-in-law. When he went out to plow his fields or to look at his growing corn, his heart would fill with joy. The land seemed special now that he [2] owned it.

Mini-Less☀n

진행형 수동태

진행되고 있는 일을 수동태로 나타낼 때는 「be동사+being+p.p.」의 형태로 하고 이때 be동사는 시제·인칭·수에 맞게 변화시키면 된답니다.

- Life is impossible when we are being crushed by fines.
  벌금에 짓눌리고 있다가는 사는 것이 불가능해.
- Dinner was being prepared in the kitchen.
  저녁 식사가 주방에서 준비되고 있었다.

Pahom was content and everything would have been perfect if the neighbors' cows and horses hadn't strayed into his cornfields and meadows. Pahom drove them away many times, and forgave their owners, but finally he lost patience. He complained to the district court and three peasants paid fines.

His neighbors held a grudge against him because of [1] this and someone threatened to burn his stables. Pahom had more land, but his life was much worse than before.

One day a peasant passing through the village told Pahom that people were settling beyond the Volga,* because land cost only twenty five cents an acre. The [2] land was so fertile, he said, that the ryegrass grew as high as a horse.　　볼가는 러시아 서부를 흐르는 강으로, 총 길이가 뷔7만km를 넘는 유럽에서 가장 긴 강이에요.

When Pahom heard this, his heart filled with desire.

"Why should I suffer in this crowded little hole?" he thought, "I will sell my land and house here and make a new start over there. But first, I must go and see it myself."

---

1 **hold a grudge against** …에게 원한을 품다
His neighbors held a grudge against him because of this and someone threatened to burn his stables.
이로 인해서 파홈의 이웃들은 그에게 원한을 품었고 어떤 사람은 파홈의 마구간을 불지르겠다고 위협하기도 했다.

- ☐ content 만족하는
- ☐ cornfield 옥수수 밭
- ☐ meadow 목초지, 초원
- ☐ drive ... away …을 쫓아내다
- ☐ lose patience 더 이상 참지 못하다
- ☐ complain to …에 고발하다
- ☐ district court 지방 법원
- ☐ stable 마구간, 외양간
- ☐ settle 이주하다, 자리를 잡다
- ☐ fertile (토지가) 기름진, 비옥한
- ☐ ryegrass 독보리(사료용으로 재배하는 풀)
- ☐ desire 욕구, 욕망
- ☐ suffer 고생하다, 고통을 겪다
- ☐ crowded 붐비는, 혼잡한

2 **a(an) + 단위** …마다, 당(= per)

People were settling beyond the Volga, because land cost only twenty five cents an acre.

땅 값이 1 에이커에 고작 25 센트라서 사람들이 볼가 강 너머로 이주하고 있었다.

Pahom went down the Volga to find out that it was just as the peasant had said. In spring, Pahom sold his land at a profit and moved to the new settlement with his [1] family. The instant they arrived, Pahom bought 125 acres of premium land and was thrilled. The first year, he had a magnificent crop of wheat. He wanted to go on growing wheat, but found he was not allowed to sow wheat for two years in a row. The local law was that the land had to recover until it was covered in prairie grass.[*]

"If I had more land," thought Pahom, "I wouldn't have this problem."

prairie grass는 키가 크고 억세며 가을이 되면 엷은 구릿빛으로 변하는 풀이에요.

? 다음 중 파홈이 처한 문제는?
a. He had a bad harvest of wheat.
b. He couldn't go on growing wheat.
c. He found the peasant had lied to him.

> 정답은 q

□ settlement 이주지, 개척지
□ the instant ···하자마자
□ premium 특히 우수한, 고급의
□ be thrilled 감격하다, 흥분하다
□ magnificent 훌륭한, 굉장히 좋은
□ go on ...ing 계속 ···하다
□ wheat (식물) 밀
□ sow ···의 씨를 뿌리다
□ in a row 잇따라, 연속적으로
□ recover 원상태로 복구되다

□ be covered in ···로 덮이다
□ dealer 상인
□ feed 먹이, 사료
□ Bashkir (민족) 바슈키르인
□ flatter ···에게 아첨하다
□ chief 족장, (조직·집단의) 장
□ depart 떠나다, 출발하다
□ advise 충고하다, 조언하다
□ steppe (나무가 없는, 특히 시베리아의 대초원) 스텝

One day a passing dealer stopped at Pahom's to get some feed for his horses. He had just returned from the far away land of the Bashkirs. Having tea with Pahom, the dealer said he had bought thirteen thousand acres of land for one thousand rubles.

"All you have to do is to flatter the chief with some presents such as dressing gowns and carpets," he said. "The Bashkirs are as simple as sheep and you can buy their land for almost nothing." [2]

Shortly after the dealer had departed, Pahom prepared the presents as the dealer had advised. He set out on his [3] journey, taking his servant with him and a week later, they came to the Bashkirs' tents, which were by a river on the steppe.

---

1 **at a profit** 이윤을 남기고, 이익을 얻고
In spring, Pahom sold his land at a profit and moved to the new settlement with his family.
봄에, 파흄은 이윤을 남기고 땅을 판 다음 가족과 함께 새로운 이주지로 이사했다.

2 **for almost nothing** 거의 공짜로
The Bashkirs are as simple as sheep and you can buy their land for almost nothing.
바슈키르인들은 양처럼 단순해서 당신은 그들의 땅을 거의 공짜로 살 수 있어요.

3 **set out on one's journey** 길을 떠나다, 여행길에 오르다
He set out on his journey, taking his servant with him.
그는 자신의 하인을 데리고 길을 떠났다.

Pahom expressed his desire to purchase some land, which made the Bashkirs pleased. They invited him into one of the best tents and gave him tea and mutton. In return, he took presents out of his cart for them.

Just then, a man in a fox fur hat walked into the tent and the other Bashkirs all stood up out of respect. [1]

One of them said, "This is our Chief."

Pahom immediately offered the best dressing gown to the Chief. The Chief accepted it gratefully and seated himself.

"I'm fond of you," he said to Pahom. "It is our custom to please our guest and repay his gifts. What would you like in return?"

"I would like some of your land," answered Pahom. "Our land is crowded and the soil is exhausted."

"Well, choose whatever piece of land you like. We [2] have plenty of it."

---

1 **out of respect** 존경심에, 경의를 표하여
The other Bashkirs all stood up out of respect.
다른 바슈키르인들은 존경심에 모두 자리에서 일어났다.

2 **whatever + 명사** 어떤 …이든
Well, choose whatever piece of land you like.
자, 어떤 땅이든 마음에 드는 것을 고르시오.

☐ express 표현하다
☐ mutton 양고기
☐ in return 답례로, 화답으로
☐ fox fur 여우 털
☐ immediately 곧, 즉시
☐ gratefully 감사하는 마음으로

☐ seat oneself 앉다, 착석하다
☐ custom 풍습, 관습
☐ repay …에 보답하다
☐ soil 흙, 땅
☐ be exhausted (경작을 너무 많이 하여)
　 불모화되다

"And what will be the price?" asked Pahom.

"Our price is always the same: one thousand rubles a day," replied the Chief.

Pahom was baffled and asked, "What kind of measure is a day? How many acres is that?"

"We sell it by the day," said the Chief. "You can have [1] as much land as you can walk around in a day. The price is one thousand rubles, but there is one condition you must meet. If you don't return to the spot you started from on the same day, your money is lost."

"But how will I mark the way that I have gone?"

"You must take a spade with you and mark whenever necessary. At every turn, dig a hole and pile up the turf, then afterward we will go around and plow from hole to hole. You may make as large a circuit as you please, but before sunset, you must return to the place you started from. All the land you cover will be yours."

Pahom was delighted at the prospect of so much cheap land. They promised to ride out to the spot where he would start from before sunrise.

□ be baffled 당황하다, 난처하다
□ meet the condition 조건을 맞추다
□ spot (특정한) 장소
□ whenever necessary 필요할 때는 언제든
□ at every turn 방향을 바꿀 때마다
□ dig 파다, 파내다 (dig-dug-dug)
□ pile up …을 쌓아 올리다

□ turf 뗏장, 잔디
□ afterward 그 후에
□ from hole to hole 구덩이에서 구덩이로
□ make a circuit 한 바퀴 돌다
□ cover (일정한 거리·영역)을 가다
□ at the prospect of …의 가능성에
□ ride out 말을 타고 나가다
□ sunrise 해돋이, 일출 (↔ sunset)

1 **by the day** 하루 단위로
We sell it by the day. 우리는 땅을 하루 단위로 팝니다.

Mini-Less ☀n

as + 형용사(A) + a / an + 명사(B) + as + 비교 대상(C) C만큼 A한 B

• You may make as large a circuit as you please.
  당신은 원하는 만큼 넓은 한 바퀴를 돌아도 좋습니다.
• My mother says that I can buy as big a Christmas tree as last year's.
  엄마는 내가 작년 것만큼 큰 크리스마스트리를 사도 된다고 하신다.

🛶 Check-up Time!

● WORDS

빈칸에 알맞은 단어를 고르세요.

1 The land was so _____ that the crop was good.

    a. content   b. fertile   c. exhausted

2 The Devil was _____ behind the potbelly stove.

    a. expressing   b. repaying   c. lurking

3 A dealer stopped to get some _____ for his horses.

    a. feed   b. custom   c. settlement

● STRUCTURE

괄호 안의 단어를 문형과 어법에 맞게 배열해 문장을 완성하세요.

1 Well, choose _____ _____ _____ _____

you like. (piece, land, of, whatever)

2 You may make _____ _____ _____

_____ as you please. (a, large, circuit, as)

3 _____ _____ _____ _____ Pahom was,

his horse got into the nearby landowner's estate.

(matter, how, no, careful)

다음 질문에 알맞은 답을 고르세요.

1 What did the dealer tell Pahom to do?

   a. To complain to the district court

   b. To flatter the chief with some presents

2 What was the condition the Chief asked Pahom to meet?

   a. To return to the spot he started from before sunset

   b. To wait until the land was covered in prairie grass

• SUMMARY

빈칸에 맞는 말을 골라 이야기를 완성하세요.

Pahom was a peasant who wanted to have lots of land. The (   ) planned to get Pahom into his power through his desire for land. Soon Pahom became a (   ) but his life was worse than before. He moved beyond the Volga and bought plenty of land but he wanted more. Then he heard the (   ) sold their land very cheap and he went to buy their land. Knowing that all the land he walked around in a (   ) would be his, Pahom was delighted.

a. day   b. Bashkirs   c. Devil   d. landowner

ANSWERS

Summary | c, d, b, a
Comprehension | 1. b 2. a

CHAPTER 2

The End of Greed
욕심의 끝

That night, Pahom dreamed he heard someone chuckling outside his tent. When he went out to see who it was, he saw the Chief sitting in front of the tent, laughing. Going nearer to him, Pahom saw that it was the dealer who had stopped at his house. Just as Pahom was going to say, "What are you laughing at?" he saw that it was no longer the dealer, but the peasant from the Volga. Then he saw that it was not the peasant but actually the Devil with hoofs and horns, sitting there and chuckling.

□ chuckle 킬킬 웃다
□ no longer A but B (더 이상) A가
　아니라 B
□ hoof 발굽
□ horn (소·양 등의) 뿔

□ prostrate 엎드린
□ barefoot 맨발로
□ horror-struck 공포에 질린
□ dawn 새벽, 여명
□ break (새벽·날이) 밝다

Mini-Lesson

도치: 장소를 나타내는 부사구 + 동사 + 주어

In front of the Devil lay a man, prostrate on the ground. '악마 앞에는
한 남자가 땅바닥에 엎드려 있었다.'는 주어(a man)와 동사(lay)의 위치가 바뀌었는데요,
이는 장소를 나타내는 부사구(in front of the Devil)를 강조하기 위해 문두에 두었기 때문이랍니다.

• Behind her stood a high wall. 그녀의 뒤에는 높은 담이 있었다.

   In front of the Devil lay a man, prostrate on the ☀
ground, barefoot, with only trousers and a shirt on.
Pahom looked more closely at the man lying there, and
he saw that the man was dead, and that it was himself!
He awoke horror-struck.

   "What a crazy dream!" he thought, and through [1]
the open door he saw that dawn was breaking.

---

[1] **What + a / an + 형용사(A) + 명사(B)**   참으로 A한 B다!
   "What a crazy dream!" he thought.
   '참으로 이상한 꿈이로군!' 하고 그는 생각했다.

The sky was beginning to turn red when Pahom, his servant, and the Bashkirs reached the steppe. They rode up onto a hillock, where the Chief took off his fox fur hat and put it on the ground.

□ **turn + 형용사** …이 되다, …로 변하다
□ **hillock** 작은 언덕, 낮은 산
□ **gleam** (얼굴·눈이 감정으로) 빛나다
□ **peep** (해·달이) 나타나기 시작하다
□ **horizon** 지평[수평]선
□ **set out** 출발하다 (set‐set‐set)
□ **square block** 정사각형 모양의 땅[부지]

"Start from here and return here before sunset," the Chief said to Pahom. "All the land you go around will be yours."

Pahom's eyes gleamed just as the sun peeped over the horizon. He took out his money, put it in the hat, and set out, carrying the spade over his shoulder. He planned to make his land a square block.

❓ Pahom started from the hillock, carrying the _____ with him.
a. money　　b. servant　　c. spade

정답 ⊃

After walking for a thousand yards, Pahom stopped to look back. He could see the hillock and the people on it clearly in the sunlight. He quickened his pace as he [1] warmed up. The next time Pahom looked back, the hillock was very small and the people looked like black ants.

"It is too soon to turn yet," thought Pahom. "The [2] ☀ further I go, the better the land seems."

Pahom took off his boots and found walking easier. He went on and on until the sun was directly above. It was very hot and he began to grow tired.

"Well," he thought, "I must have a rest."

He sat down and had a late breakfast, but he didn't lie down, fearing that he might fall asleep. He dug a hole, piled up the turf, and turned sharply to the left.

After walking a long way he stopped to look toward the hillock. It had become terribly hot and the heat made the air hazy. The hillock seemed to be quivering, and the people could hardly be seen.

☐ warm up 따뜻해지다, 데워지다
☐ on and on 계속해서, 쉬지 않고
☐ directly 똑바로, 일직선으로
  (= straight)
☐ have a rest 쉬다(= rest)
☐ sharply 재빨리, 확

☐ hazy (연무가 끼어) 흐릿한,
  연무가 낀
☐ quiver 흔들리다, 떨리다
☐ risk ...ing 위험을 무릅쓰고 …하다
☐ with difficulty 겨우, 간신히
☐ desperately 몹시, 절박하게

"Ah! I have made the first side too long," thought Pahom. "I must make the second one shorter."

He quickly dug a hole and turned to the left once more. The sun was nearly halfway to the horizon, and he had only done one mile of the third side of the square. He still had ten miles to walk.

"I must hurry back now," he thought. "I can't risk going too far. I already have a great deal of land."

Pahom turned straight toward the hillock and now walked with difficulty. He desperately needed to rest but he was still far from his goal, and the sun was already near the horizon.

---

1 **quicken one's pace** 걸음을 재촉하다
He quickened his pace as he warmed up.
몸이 따뜻해지면서 그는 걸음을 재촉했다.

2 **It is too soon to + 동사원형** …하기에는 너무 이르다
It is too soon to turn yet. 방향을 바꾸기에는 너무 일러.

Mini-Less☼n

See p.116

the + 비교급(A), the + 비교급(B): A할수록, 더 B하다
• The further I go, the better the land seems.
내가 멀리 갈수록, 땅이 더 좋아 보이는군.
• The higher we go up, the colder it gets.
우리가 높이 올라갈수록, 날씨가 더 추워진다.

Pahom threw away his coat, his boots and his hat as he began running. He kept only the spade.

"What shall I do?" he thought. "I have been too greedy and ruined everything. I can't get there before sunset."

Pahom went on running even though this fear made [1] him even more breathless. His shirt and trousers were soaked with sweat and stuck to his body, his lungs were working like a blacksmith's bellows, and his heart was beating like a hammer. His mouth was parched and his legs did not seem to belong to him. Pahom was afraid that he would die from the strain, but he could not stop.

"They will call me a fool if I stop running now," he thought.

As Pahom ran on and drew near, he heard the Bashkirs yelling and shouting to him, and their cries drove him on.

★ 풀무는 불을 타오르게 하기 위해 공기를 불어넣는 기구인데요, 공기가 들어가고 나오는 것이 폐와 비슷하여 이런 비유를 한 거예요.

- □ throw away 버리다
- □ breathless 숨이 가쁜
- □ be soaked with …로 흥건하게 젖다
- □ stick to …에 달라붙다
  (stick-stuck-stuck)
- □ lung 폐, 허파
- □ blacksmith's bellows 대장장이의
  풀무
- □ beat like a hammer 망치처럼
  쾅쾅거리다 (beat-beat-beat(en))
- □ be parched 바짝 마르다
- □ die from (사고·부상)으로 죽다
- □ strain (심신의) 긴장, 피로
- □ draw near 다가가다, 접근하다
- □ drive ... on …을 몰아붙이다

1 **even though**절 비록 …이지만, …에도 불구하고

Pahom went on running even though this fear made him even more breathless.
비록 이러한 두려움이 파홈을 더욱 숨이 가쁘게 만들었지만 그는 계속 달렸다.

The sun was close to the horizon, but Pahom was also near his goal. He could see the fox fur hat with the money in it on the ground, and the Chief sitting on the ground laughing. Pahom remembered his dream.

"There is plenty of land," he thought, "but will God let me live on it? I shall never reach that spot."

Just as he reached the bottom of the hillock, the sun touched the horizon. He heard the Bashkirs shouting loudly as he took a long breath and ran up. It grew dark but it was still light on top of the hillock. He saw the hat and the Chief sitting before it, laughing, and Pahom remembered his dream again. He uttered a cry and his legs gave way beneath him as he fell forward and [1] touched the hat with his hands.

□ **bottom** 맨 아래, 기슭
□ **take a long breath** 심호흡하다
□ **run up** 위로 달려가다
□ **on top of** …의 위에
□ **utter a cry** 외마디 비명을 지르다
□ **fall forward** 고꾸라지다

□ **fellow** 사나이, 친구
□ **gain** 얻다
□ **raise ... up** …을 일으켜 세우다
□ **dig a grave** 무덤을 (만들려고) 파다
□ **heel** (발)뒤꿈치

---

1 **legs give way** 다리가 풀리다 〔꺾이다〕
He uttered a cry and his legs gave way beneath him as he fell forward and touched the hat with his hands.
파흠은 외마디 비명을 질렀고 두 다리가 풀려 고꾸라지면서 두 손으로 모자를 잡았다.

"Ah! What a fine fellow," said the Chief. "He has gained a lot of land."

Pahom's servant tried to raise him up, but he saw that blood was flowing from his mouth. Pahom was dead! His servant picked up the spade and dug a grave long enough for Pahom to lie in and buried him in it. Six feet from his head to his heels was all he needed.

 # Check-up Time!

● **WORDS**

빈칸에 알맞은 단어를 보기에서 골라 써넣으세요.

stuck	parched	peeped

1 Pahom's eyes gleamed as the sun _____ over the horizon.

2 His mouth was _____ and his legs did not seem to belong to him.

3 His shirt and trousers were soaked with sweat and _____ to his body.

● **STRUCTURE**

알맞은 것을 골라 문장을 완성하세요.

1 I can't risk (to go / going) too far.

2 Pahom now walked (with / through) difficulty.

3 The further I go, the (best / better) the land seems.

4 He was afraid that he would die (from / into) the strain.

● COMPREHENSION

이야기의 흐름에 맞게 순서를 정하세요.

a. Pahom quickened his pace as he warmed up.

b. The Bashkirs yelled and shouted to Pahom.

c. Pahom fell forward and touched the hat with his hands.

d. The Chief put his fox fur hat on the ground.

(　　) → (　　) → (　　) → (　　)

● SUMMARY

빈칸에 맞는 말을 골라 이야기를 완성하세요.

In a dream, Pahom saw himself lying (　　) and the Devil chuckling. Before sunrise he rode out to the starting spot with his servant and the Bashkirs, and set out to get plenty of land. He was so (　　) that he went too far. He realized his mistake and turned back. Finally Pahom (　　) the spot before sunset but he fell down and died. When his servant (　　) him, six feet of land was all he needed.

a. reached　　　b. dead

c. greedy　　　d. buried

ANSWERS

Comprehension | (d)→(a)→(b)→(c)

Summary | b, c, a, d

a Beautiful Invitation
– YBM Reading Library

Ivan the Fool

Leo Tolstoy

People in the Story

<〈바보 이반〉에 등장하는 인물들을 살펴볼까요?

Ivan

바보로 불리는 선량한 농부.
특유의 우직함으로 악마들의
방해를 모두 물리치고 농부이
자 왕으로서 나라를 평화롭게
다스린다.

Old Devil

이반 형제들을 파멸시키려는
늙은 악마. 새끼 악마들이 임무
에 실패하자 자신이 직접 나서
서 일을 꾸민다.

Ivan's Wife

이반의 아내. 황제의 딸로 이반이
자신의 병을 고쳐 주자 그와 결혼
한 후, 소박하게 살아간다.

Tarras

이반의 둘째 형. 새끼 악마
에게 홀려 대책 없이 물건을
사들였다가, 결국 파산하고
귀향한다.

Simon

이반의 첫째 형. 용맹한 군인으로
인정받아 부와 명예를 얻었지만
새끼 악마의 농간으로 전쟁에서
대패한 후 귀향한다.

Little Devils

새끼 악마들. 늙은 악마의 명으로
이반 형제들을 하나씩 맡아 방해한다.

Ivan and Devils

이반과 악마들

There once lived a wealthy peasant who had three sons: Simon, Tarras, and Ivan. Simon went to war to serve the Czar,* and for his brave service he received an expensive estate and married an aristocrat's daughter. Tarras went to a city to become a successful merchant, and married into a merchant's family. Ivan remained [1] at home with his parents to continue his life as a hardworking peasant.

★ Czar는 제정 러시아의 황제를 뜻해요.

□ go to war 출전하다
□ serve 섬기다, 모시다
□ service 복무, 근무; 노무
□ aristocrat 귀족
□ merchant 상인
□ be vexed to + 동사원형 …하여 약이 오르다

□ in peace 평화롭게 (= peacefully)
□ summon 소집하다, 호출하다
□ tackle …와 맞붙다, …에 달려들다
□ tear ... out 을 (잡아서) 뽑다
□ achieve (일 · 목적 등)을 이루다
□ so that절 …하도록, …하기 위해
□ fight over …을 두고 싸우다

1 **marry into** …집안으로 장가〔시집〕가다
Tarras married into a merchant's family.
타라스는 상인 집안으로 장가갔다.

2 **stop〔prevent〕+ 목적어(A) + from + ...ing(B)** A가 B하는 것을 막다
If you stop Ivan from working on the farm, there will be nothing to eat.
만약 너희가 이반이 농지에서 일하는 것을 막는다면, 먹을 것이 없게 되겠지.

The old devil was vexed to see the brothers living in peace.

He summoned his three little devils and said, "Listen! There are three brothers, Simon the soldier, Tarras the merchant, and Ivan the Fool. You three go and tackle one brother each until they tear each other's eyes out. The best way to achieve this is to ruin Simon and Tarras so that they must return home. And if you stop Ivan [2] from working on the farm, there will be nothing to eat and they will fight over food."

The first little devil went to Simon and blew some fire [1] in his veins. Simon went straight to the Czar and offered to conquer the whole world for him. He was sent with an army to fight the Viceroy of India* but the little devil damped their gun-powder and created Indian soldiers from straw.

When Simon's soldiers were surrounded by a vast number of Indian soldiers, and found themselves unable to fire their cannons and rifles, they retreated in panic. Simon was disgraced by the defeat, deprived of his estate, and returned to his father's farm with nothing.

★ 인도 총독은 당시 영국의 식민지였던 인도를
영국의 왕을 대신하여 다스렸답니다.

The second little devil made
Tarras so greedy that he wanted
to possess everything he saw.
He spent all his money buying
immense quantities of goods,
and when all his money was
gone, he continued to buy with
borrowed money.

The little devil spoiled all the stock
before the bills came due and Tarras was declared
bankrupt. He also returned to his father.

□ conquer (무력으로 나라)를 정복하다
□ damp 축축하게 하다
□ gun-powder 화약
□ be surrounded by …에 둘러싸이다
□ a vast number of 막대한 수의
□ fire (총포·탄환 등)을 발사하다
□ cannon and rifle 대포와 소총
□ retreat 후퇴하다, 퇴각하다
□ in panic 당황하여
□ be disgraced by …로 인해 파면되다

□ defeat 패배; 패배시키다
□ be deprived of …을 빼앗기다
□ spend + 목적어(A) + …ing(B)
　 A를 B하는 데 다 써버리다
□ immense quantities of 막대한 양의
□ goods 상품, 물품
□ spoil 못 쓰게 만들다
□ stock 사들인 물건
□ come due 만기가 되다
□ be declared bankrupt 파산 선고를 받다

1　**blow fire in one's veins** …의 혈기가 충천하도록 선동하다
　The first little devil went to Simon and blew some fire in his veins.
　첫째 새끼 악마는 시몬에게 가서 그의 혈기가 충천하도록 선동했다.

The third little devil spat into Ivan's jug of water, which made him sick in the stomach, but Ivan still went out to plow his field. So the little devil made the soil so hard that the plow could scarcely penetrate it, but moaning with pain, Ivan still continued to work. When the plow broke, Ivan replaced it with another [1] and went back to work.

The little devil went underground and took hold of [2] the plowshares, but that did not succeed in stopping Ivan. Ivan pressed so hard that the little devil's hands were cut and Ivan managed to plow most of the field.

□ spit into …안에 침을 뱉다
　(spit-spat-spat)
□ jug 물주전자, 물병
□ sick in the stomach 배탈이 난
□ scarcely 거의 … 않다
□ penetrate 뚫고 들어가다
□ moan 신음하다
□ go underground 땅속으로 숨어들다
□ plowshare 쟁기의 날
□ succeed in …ing …하는 데 성공하다

□ press 누르다, 밀다
□ manage to + 동사원형 간신히 …하다
□ ache 아프다, 쑤시다
□ get stuck 꽂히다, 못 움직이다
□ furrow 밭고랑, 도랑
□ grab 움켜쥐다
　(grab-grabbed-grabbed)
□ pull ... out … 을 뽑다
□ disgusted 화난, 분개한
□ nasty 불쾌한, 역겨운

1　**replace A with B** A를 B로 대체하다
　When the plow broke, Ivan replaced it with another.
　쟁기가 부러지자, 이반은 부러진 쟁기를 다른 쟁기로 대체했다.

2　**take hold of** …을 잡다, 쥐다
　The little devil went underground and took hold of the plowshares.
　새끼 악마는 땅속으로 숨어들어서 쟁기의 날을 잡았다.

Ivan returned the next day to finish plowing the last small piece of land, even though his stomach still ached. He began to work and suddenly his plow got stuck, as if it had struck a hard root.

"This is strange," thought Ivan. "There were never any roots here before."

Ivan put his hand into the furrow, and felt something soft. He grabbed it, pulled it out, and saw that it was a little devil.

Disgusted, Ivan exclaimed, "You nasty thing!"

Ivan was about to dash the little devil against the [1] ground when he cried out, "Do not kill me, and I will do anything you tell me to."

"What can you do for me?" said Ivan.

"Tell me what you wish for," the little devil replied.

Ivan scratched the back of his head as he thought, and finally he said, "I am dreadfully sick in my stomach. Can you cure me?"

"Certainly I can," said the little devil.

As Ivan let go of him, the little devil searched the [2] furrow, scratching with his claws, and pulled out some roots.

He said, "If you swallow some of these, you will be immediately cured of any illness you have."

Ivan did as he was told, and instantly felt better.

The little devil pleaded, saying, "I beg you to let me go now. I will pass into the earth, never to return."

"Very well," said Ivan. "Go, and God bless you."

As Ivan pronounced the name of God, the little devil disappeared into the earth like a flash, and only a small hole in the ground remained.

Ivan soon finished plowing and returned home.

- □ be about to + 동사원형 막 …하려고 하다
- □ wish for 바라다, 소원하다
- □ scratch 긁다
- □ dreadfully 몹시, 지독하게
- □ cure 치료하다
- □ claw 갈고리 발톱
- □ A be cured of B A가 B로부터 치료되다

- □ instantly 즉시
- □ plead 간청하다
- □ pass into …속으로 사라지다
- □ God bless you. 하느님이 당신에게 은혜를 베푸시기를.
- □ pronounce 발음하다
- □ like a flash (번개처럼) 눈 깜짝 할 사이에, 순식간에

---

1 **dash A against B** A를 B에 내던지다
Ivan was about to dash the little devil against the ground.
그는 막 새끼 악마를 땅에 내던지려고 했다.

2 **let go of** …을 놓아주다
As Ivan let go of him, the little devil searched the furrow.
이반이 새끼 악마를 놓아주자, 새끼 악마는 밭고랑을 뒤졌다.

Having finished his mission, the first little devil went ✳
to help his brother to defeat Ivan. He searched
everywhere, only to find the hole. [1]

"Well, this is strange," he said. "I will have to take his
place and prevent the Fool from working."

Ivan went out at dawn next morning with his scythe
and began to mow the grass. So the little devil crept
into the grass and made it very difficult to cut. At last,
Ivan became so angry that he swung with all his might,
and one powerful blow cut off a piece of the little
devil's tail. The little devil howled with pain and
jumped around in every direction.

Ivan exclaimed, "You nasty thing! You came back?"

"I am another one!" said the little devil.

"Well, whoever you are, I will fix you all the same." [2]

"Please don't! I will make you soldiers. They will do
everything for you! Just do exactly what I do."

□ take one's place …을 대신하다
□ scythe (자루가 긴) 큰 낫
□ creep into …에 몰래 들어가다
　(creep-crept-crept)
□ swing (팔을 휘둘러서) 치다
　(swing-swung-swung)
□ with all one's might 온 힘을 다해
□ blow 강타, 일격
□ cut off …을 베어내다 (cut-cut-cut)

□ howl 울부짖다, 악쓰다
□ fix 혼내주다
□ all the same 똑같이
□ scatter A on B A를 B에 흩뿌리다
□ chant a spell 주문을 외우다
□ turn into …로 바뀌다, 변하다
□ turn A back into B A를 B로 되돌리다
□ with God's blessing 하느님의 은혜로
□ plunge into …로 뛰어들다

As the little devil took a bunch of straw and scattered it on the ground, chanting a spell, each straw turned into a soldier.

"This will be great at the party!" said Ivan. "Now, turn the soldiers back into straw because I need it to feed the horses."

"Well then, simply say this. 'So many soldiers, so much straw,'" said the little devil and the straw reappeared.

"Well," said Ivan. "With God's blessing you may go."

As soon as Ivan mentioned God, the little devil plunged into the earth, and only a hole was left.

---

1 **결과를 나타내는 to 부정사** ···하게 되다
He searched everywhere, only to find the hole.
그는 도처를 찾아보았지만, 구멍을 발견하게 되었을 뿐이었다.

2 **whoever + 주어 + be 동사** ···가 누구든 (= no matter who)
Well, whoever you are, I will fix you all the same.
글쎄, 네가 누구든, 난 널 똑같이 혼내 줄 거야.

Mini-Less·ᗝ·n

완료 분사구문: having + p.p.
분사구문이 주절의 시제 보다 앞서 일어난 일을 나타낼 때는 완료 분사구문 「having +p.p.」를 쓴답니다.

- Having finished his mission, the first little devil went to help his brother to defeat Ivan. 임무를 완수한 후, 첫째 새끼 악마는 자신의 형제가 이반을 패배시키는 것을 도우러 갔다.
- Having taken a medicine for stomach, I feel much better now.
  위장약을 먹었더니, 난 이제 훨씬 나아졌어.

The second little devil came to look for his brothers but he only found two holes and Ivan in the forest cutting down trees. Deciding to tackle Ivan himself, he climbed into the branches of the tree Ivan was felling and tangled it in the branches of other trees, stopping it from falling to the ground. Ivan only succeeded in getting it down after a hard struggle. When he chopped down the second tree, he had the same problem, and also with the third. The little devil was full of joy when he saw Ivan resting, exhausted.

He was seated on some branches, congratulating himself when Ivan suddenly got up and gave the tree a [1] terrific blow, which felled it instantly. Before he knew it, the little devil landed at Ivan's feet.

Very much astonished, Ivan exclaimed, "You nasty thing! Are you back again?"

He was about to strike him a blow with the axe when the little devil said, "Don't strike me! If you spare me, I will make all the money you want. Just take the leaves of this oak tree, rub them in your hands and gold pieces will fall to the ground."

Ivan did as he was told, and immediately gold began to drop about his feet.

"This will be a fine trick to amuse the village boys with," said Ivan. "With God's blessing you may go."

At the mention of the name of God, the little devil disappeared into the earth and nothing was left but a hole to show where he had gone.

- cut〔chop〕down (나무 따위)를 베어 넘어뜨리다
- climb into …로 기어 들어가다
- fell (나무)를 베어 넘어뜨리다 (fell-felled-felled)
- tangle A in B A를 B에 얽히게 하다
- struggle 노력, 악전고투
- exhausted 힘이 소진된
- congratulate 축하하다, 경축하다
- terrific 굉장한, 엄청난
- before one knows it 순식간에
- land at …에 떨어지다
- astonished (깜짝) 놀란
- spare 용서하다, 벌하지 않다
- oak tree 참나무
- trick 장난, 속임수
- amuse A with B A를 B로 즐겁게 하다
- at the mention of …을 말하자

---

1 **give〔strike〕... a blow** …에게 일격을 가하다, …을 한 대 치다
Ivan suddenly got up and gave the tree a terrific blow.
이반은 갑자기 일어나서 나무에 굉장한 일격을 가했다.

Ivan gathered all the peasants in the village and drank beer with them until his words began to slur.

The little girls laughed as they watched him stumble into the woods with an empty bag in his hand, and said, "What a fool he is!" [1]

Shortly after, Ivan returned, with the bag full of gold and began to scatter gold pieces around, laughing as the peasants threw themselves to the ground, snatching and fighting.

When the gold ran out, Ivan went to the barn and found some straw. Soon a regiment of soldiers appeared in the village street. Much to the villagers' astonishment and delight, the soldiers followed Ivan's orders to sing and dance. Ivan then ordered the soldiers to return to the barn, where he turned them back into straw. Then he went home to sleep off the effects of the alcohol. [2]

(?) What did Ivan ordered the soldiers to do?
  a. to sing and dance
  b. to scatter gold pieces around
  c. to sleep off the effects of alcohol

정답 e

□ slur 분명치 않게 발음하다
□ stumble into 비틀거리며 …로 걸어 들어가다
□ scatter ... around …을 여기저기 흩뿌리다
□ throw oneself to …에 몸을 던지다

□ snatch 잡아채다, 움켜쥐다
□ run out 바닥나다, 다하다
□ barn 헛간, 광
□ regiment (군사) 연대

1 **What + a / an + 명사(A) + 주어(B) + be동사!** B는 정말 A다!
   What a fool he is! 이반은 정말 바보야!

2 **sleep off the effects of the alcohol** 잠으로 술기운을 떨치다
   Then he went home to sleep off the effects of the alcohol.
   그 다음 이반은 잠으로 술기운을 떨치려고 집으로 갔다.

Check-up Time!

● **WORDS**

퍼즐의 빈칸에 들어갈 알맞은 철자를 써서 단어를 완성하세요.

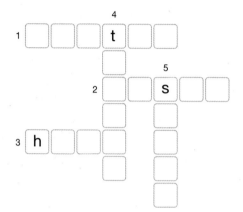

Across

1. 잡아채다
2. 불쾌한, 역겨운
3. 울부짖다

Down

4. 얽히게 하다
5. 용서하다

● **STRUCTURE**

괄호 안의 두 단어 중 알맞은 단어를 골라 문장을 완성하세요.

1   The brothers will fight (over / through) food.

2   That did not succeed (in / for) stopping Ivan.

3   Tarras married (with / into) a merchant's family.

4   Ivan was about to dash him (against / for) the ground.

5   This is a fine trick to amuse the village boys (to / with).

● COMPREHENSION

새끼 악마들이 이반을 방해한 순서대로 기호를 쓰세요.

a. The little devil crept into the grass and made it very difficult to cut.

b. The little devil tangled the tree Ivan was felling in the branches of other trees.

c. The little devil spat into Ivan's jug of water to make him sick in the stomach.

(   ) → (   ) → (   )

● SUMMARY

빈칸에 맞는 말을 골라 이야기를 완성하세요.

> There lived three brothers: Simon, Tarras, and Ivan. The old devil didn't like them to live in (   ), so he ordered his little devils to ruin them. Simon and Tarras were soon defeated and returned home. But the little devils all failed to defeat Ivan and disappeared into the (   ) while Ivan got magic roots, learned how to create soldiers from (   ) and make money from (   ). He gathered the villagers and amused them with the tricks he had learned.

a. earth   b. leaves   c. peace   d. straw

Ivan's Kingdom

이반의 왕국

- ☐ **proclaim** 선언하다, 선포하다
- ☐ **bachelor** 미혼 남자
- ☐ **take one's hand in marriage**
  …와 결혼하다
- ☐ **feel sorry for** …을 불쌍히 여기다
- ☐ **soon after** 바로 뒤에, 이후 즉시
- ☐ **imperial** 황제의, 황실의
- ☐ **robe** 예복, 관복

- ☐ **send for** …을 데리러 (사람을) 보내다
- ☐ **including** …을 포함하여
- ☐ **product** 산출물, 생산품
- ☐ **labor** 노동, 근로 ; 노동하다
- ☐ **support oneself** 생계를 이어가다
- ☐ **comfortably** 부족함이 없이
- ☐ **spare** 할애하다, 내주다
- ☐ **needy** (매우) 가난한

1 **whoever** …하는 사람은 누구나 (= anyone who)

Her father proclaimed that whoever cured her would be richly
rewarded. 황제는 공주를 치료하는 사람은 누구나 충분히 보상을 받으리라고 선언했다.

About that time the Czar's daughter fell ill. Her father proclaimed that whoever cured her would be richly [1] rewarded, and if the person was a bachelor he could take her hand in marriage. Ivan felt sorry for the Czar's daughter, so he went to the palace and cured her with the roots. Because Ivan was a bachelor he married the Czar's daughter, and when the Czar died soon after, he became the ruler.

Ivan the Fool did not enjoy his wealth and power, so he took off his imperial robes, sent for his parents and brothers to come and live with him, and went back to his old work. It was not long before all the wise men [2] learned that Ivan was a fool and left the kingdom. Only the fools remained, including Ivan's wife because she was also a fool. They had only the products of their labor, but they lived peacefully together, supported themselves comfortably and had plenty to spare for the needy and sick. [3]

---

[2] **It was not long before** 절 머지 않아 …했다
It was not long before all the wise men learned that Ivan was a fool.
머지 않아 똑똑한 사람들은 모두 이반이 바보라는 것을 알았다.

[3] **the + 형용사** …한 사람들
They had plenty to spare for the needy and sick.
그들은 가난하고 아픈 사람들에게 나누어 줄 것이 충분했다.

The old devil grew tired of waiting for news from the [1] little devils, so he went searching for them. Finding the three holes and the brothers content and happy made him greatly annoyed. He realized he had to complete the mission himself. He appeared before Ivan disguised as a general and told him it was disgraceful for the ruler of a ☀ kingdom to be without an army.

Ivan took the supposed general's advice, and said, "Well, you may form an army, but also teach the soldiers to sing the songs I like."

The old devil then went through Ivan's kingdom to find recruits for the army, but no one enlisted. He was furious and threatened to put whoever refused to death. [2]

□ annoyed 괴로운, 화난
□ complete 완수하다, 끝마치다
□ disguised as …로 변장한
□ general 장군
□ disgraceful 불명예스러운
□ supposed 이른바 …라는

□ form 형성하다, 구성하다
□ recruit 신병, 초년병
□ enlist (군에 자원) 입대하다
□ furious 격분한, 분노한
□ anyway 어차피, 어쨌든

1 **grow tired of ...ing** …하기가 점점 지겨워지다
   The old devil grew tired of waiting for news from the little devils.
   늙은 악마는 새끼 악마들의 소식을 기다리기가 점점 지겨워졌다.

2 **put ... to death** …을 사형에 처하다
   He was furious and threatened to put whoever refused to death.
   그는 격분하여 거부하는 사람은 누구라도 사형에 처하겠다고 협박했다.

Hearing this, the people said to the general, "You say we will be put to death if we refuse to enlist, but that's what will happen to us if we become soldiers. It's better to die at home if we're going to die anyway."

See p.117

Mini-Lesson

to 부정사의 의미상의 주어

to 부정사의 주어가 문장 전체의 주어와 일치하지 않을 때는 to 부정사 앞에 「for + 명사〔대명사〕」를 씁니다.

- He told him it was disgraceful for the ruler of a kingdom to be without an army.
  그는 이반에게 왕국의 통치자가 군대가 없다는 것은 불명예스러운 일이라고 말했다.
- It was impossible for me to complete the work in time.
  내가 시간에 맞춰 그 일을 마치는 것은 불가능했다.

Now that his scheme had failed, the old devil went to the ruler of Tarakania and convinced him to conquer Ivan's kingdom. The ruler mustered a large army and invaded Ivan's kingdom, but couldn't find anyone to fight against.

He waited and waited, but there was no sign of an army. He sent his soldiers to attack the villages but the fools looked calmly on, offering no resistance when [1] their cattle and food were being taken from them.

They even invited the soldiers to stay and live with them, saying, "Dear friends, if it is difficult to earn a living in your own land, come and live with us. We have lots of food."

The soldiers were surprised at the friendly greetings and hospitality they received in the villages in Ivan's kingdom. They refused to advance any further, deciding to eat and drink with the villagers because they were so joyful and generous. Soon the army disbanded and the soldiers returned home in peace.

❓ Which was not taken from the villagers?
L a. cattle   b. food   c. land

요정답

□ scheme 음모, 계략
□ convince + 목적어(A) + to
  + 동사원형(B) A가 B하도록 설득하다
□ muster 소집하다
□ invade 쳐들어가다, 침략하다
□ fight against …에 맞서 싸우다
□ be no sign of …의 흔적이 없다

□ attack 공격하다
□ look calmly on 조용히 방관하다
□ cattle 소, 축우
□ hospitality 환대, 친절한 접대
□ advance 전진하다, 나아가다
□ disband (군대가) 해산하다

1 **offer no resistance** 저항하지 않다
He sent his soldiers to attack the villages but the fools looked calmly on, offering no resistance. 그는 자신의 군사들을 보내서 마을들을 공격하게 했지만 바보들은 저항하지 않고 조용히 방관했다.

The old devil had failed to ruin Ivan's kingdom with soldiers, so this time he planned to overcome Ivan by means of money. He transformed himself into a merchant and appeared in the public square with a sack of gold in his hand. He showed the gold pieces to the people and said that they would be paid with the gold for their goods and labor. The fools were amused to hear this because their business was done entirely by exchange of farm products or by laboring in return for whatever they needed. The fools gave their services and brought the merchant farm products in return for his gold pieces.

The old devil was overjoyed and thought, "My plan is going well. Soon I will be able to ruin the Fool and he will fight with his brothers."

□ overcome 이기다, 패배시키다
□ by means of …을 써서
□ transform oneself into …로 둔갑하다
□ a sack of …한 자루
□ be amused to + 동사원형 …하여
  즐거워하다
□ entirely 완전히, 전적으로
□ by exchange of …을 교환하여
□ in return for …의 대가로

□ be overjoyed 매우 기뻐하다
□ distribute A among B
  A를 B에 나누어주다 (배포하다)
□ entire community 지역 사회 전체
□ pay ... well in gold …에게 좋은
  가격에 금화로 지불하다
□ in the name of …의 이름으로
□ let alone …은 말할 것도 없이
□ unthinkable 감히 생각할 수 없는

Soon the fools earned enough gold pieces to distribute among the entire community, and the children even played with the gold pieces on the streets. Everybody had plenty of them, so nobody came to work and nothing was brought to the merchant. Being hungry, the old devil went through the village to buy some food and promised to pay them well in gold, but no one was interested.

One peasant said, "We have enough of that already but if you are begging in the name of Christ, I will tell my wife to cut a piece of bread for you."

The old devil ran away from the peasant, spitting and cursing. Begging, let alone in the name of Christ, was unthinkable. The mention of the name was like a knife in his throat.

Ivan heard that the merchant was miserable and invited him around for dinner. When the merchant arrived, Ivan's wife looked at him suspiciously while she was preparing the meal. She had often been deceived by lazy people who did not work but ate a lot, so she had learned to distinguish them by the condition of their hands. Those with calluses on their hands were invited first to the table, while those with smooth white hands had to take what was left over.

□ miserable 비참한, 아주 딱한
□ suspiciously 미심쩍은 듯이
□ be deceived by …에 속다
□ distinguish A by B A를 B로 구별하다
□ condition 상태
□ callus 굳은 살, 못
□ smooth 매끄러운, 부드러운

□ be left over (음식 등)이 남다
□ pull A away from B A를 B에서 멀리 끌어내다
□ be hardened by …에 의해 단단해지다
□ offended 기분이 상한
□ invention 발명; 발명품
□ useful 쓸모 있는, 유용한

When the old devil took a seat at the table, she seized [1] him by the hands and looked at them. Seeing that they were white and clean, with long nails, she pulled him away from the table.

She said to the old devil, "I will not allow anyone to sit at the table whose hands have not been hardened by work. Wait until the dinner is over and then you can have what is left."

The old devil was very offended, and complained to Ivan, saying, "The foolish law you have in your kingdom, that all persons must work, is surely the invention of fools. Not all work is done by hands. Do [2] you think wise men labor with their hands? I will teach you how to work with the head, which is very useful. But you must understand that it is much more difficult to work with the head than with the hands."

Ivan was surprised to hear this and said, "Teach us! Then when our hands are tired we can use our heads to replace them."

---

1 **seize ... by the hands** ···의 양손을 잡다
   She seized him by the hands and looked at them.
   이반의 아내는 그의 양손을 잡아 살펴보았다.

2 **not all** (부분 부정) 모두 ···는 아니다
   Not all work is done by hands. 일이 모두 손으로 이루어지는 것은 아니에요.

The old devil suddenly felt very faint from lack of food. He staggered, fell down, and hit his head.

Ivan's wife said, "The gentleman has started to work with his head."

The old devil picked himself up and tried to walk away down Ivan's front steps, but he collapsed again and started to slide down them headfirst. The people thought he was counting them one by one with his [1] head.

"Well," said Ivan, "he told the truth after all. This is far worse than calluses on the hands."

Ivan saw the old devil hit the ground at the bottom of the steps headfirst and was approaching him to see how much work he had done when suddenly the ground opened up and the old devil disappeared, leaving only a hole to show where he had gone.

Ivan scratched his head and said, "Such nastiness! That devil looked like the father of the little ones."

Ivan still lives, and people flock to his kingdom, where there is only one strict rule that never changes. Whoever has rough, work-hardened hands is always given a seat at the table, while whoever has not must be content with leftovers.

- □ feel faint 현기증이 나다
- □ stagger 비틀거리다
- □ pick oneself up （넘어졌다가）일어나다
- □ walk away down …을 걸어 내려가다
- □ collapse 쓰러지다
- □ slide down … 을 미끄러져 내려가다
- □ headfirst 머리부터 먼저, 거꾸로
- □ after all 역시, 결국

- □ open up 열리다
- □ Such＋（a/an）＋명사! 이런 …!
- □ nastiness 불쾌한 것
- □ flock to … 로 몰려 오다
- □ strict rule 준엄한 규칙
- □ work-hardened 일로 단련된
- □ be content with … 에 만족하다
- □ leftover 남은 음식, 나머지

1 one by one 하나씩

The people thought he was counting them one by one with his head. 사람들은 그가 머리로 계단을 하나씩 세고 있다고 생각했다.

 # Check-up Time!

● **WORDS**

빈칸에 알맞은 단어를 보기에서 골라 써넣으세요.

recruits	scheme	bachelor	condition

1 The old devil went to find _____ for the army.

2 She distinguished them by the _____ of their hands.

3 If the person was a _____, he could marry the princess.

4 Now that his _____ had failed, the old devil went to the ruler of Tarakania.

● **STRUCTURE**

빈칸에 알맞은 전치사를 보기에서 골라 문장을 완성하세요.

as	into	by	of

1 He transformed himself _____ a merchant.

2 He appeared before Ivan disguised _____ a general.

3 She seized him _____ the hands and looked at them.

4 He grew tired _____ waiting for news from the devils.

● COMPREHENSION

다음은 누가 한 말일까요? 기호를 써넣으세요.

a.

Ivan

b.

Ivan's Wife

c.

Old Devil

1 "You can have what is left." _____

2 "I will teach you how to work with the head." _____

3 "This is far worse than calluses on the hands." _____

● SUMMARY

빈칸에 맞는 말을 골라 이야기를 완성하세요.

Ivan cured a princess, married her, and soon became the ruler but he worked as a ( ), living with his brothers. The old devil found that the little devils failed to ruin Ivan and his brothers. So he tried to overcome Ivan by means of ( ) and then ( ), but he also failed. Being hungry and feeling faint, he slid down the ( ) and disappeared into the earth. Ivan still lives and people still flock to his kingdom.

a. money   b. war   c. peasant   d. steps

After
the Story

Reading X-File 이야기가 있는 구문 독해
Listening X-File 공개 리스닝 비밀 파일
Story in Korean 우리 글로 다시 읽기

After three days he worked as if he had sewn boots all his life.

사흘 후 미하일은 마치 평생 부츠를 바느질했던 것처럼 일했다.

★ ★ ★

〈사람은 무엇으로 사는가〉에서 시몬의 집에 머물며 일을 배우게 된 미하일은 놀랍게도 시몬이 보여주는 것은 무엇이든 바로 이해하고 똑같이 해냅니다. 그리고 사흘 후에는 마치 평생 부츠를 바느질했던 사람처럼 능숙하게 일을 하지요. 이를 표현한 위 문장은 '마치 …했던 것처럼'이라는 뜻의 가정법 과거완료 표현(as if+주어+had+p.p.)을 써서 주절보다 더 이전에 일어난 일을 가정하고 있어요. 그럼 미하일과 시몬의 대화로 다시 살펴봐요.

Michael

Why did you just pass by when you first saw me by the shrine?

처음에 성당 근처에서 절 보셨을 때 왜 그냥 지나치셨어요?

Simon

Because I was very frightened. You looked as if you had been killed.

너무 무서웠기 때문이네. 자네가 마치 죽임을 당한 것처럼 보였거든.

When you have learned these things, you shall return to heaven.

네가 이것들을 깨우치게 되면, 천국으로 돌아올 수 있으리라.

★　★　★

〈사람은 무엇으로 사는가〉에서 미하일은 자신이 하느님에게 복종하지 않은 죄로 지상에 내려온 천사이며 세 가지 진리를 깨우치게 되면 하늘로 돌아올 수 있다는 명을 받았다고 말합니다. 하느님의 명을 나타낸 위 문장에서 주목할 점은 when 다음에 미래완료 시제(will have learned)를 쓰지 않고 현재완료 시제(have learned)를 썼다는 거예요. 이는 때와 조건을 나타내는 부사절에서는 현재완료 시제가 미래완료 시제를 대신하기 때문이랍니다.

Woman

How long will it take to make the shoes for my little girls? When can we get the shoes?

우리 아이들의 신발을 만드는 데 시간이 얼마나 걸리죠? 신발을 언제 받게 되나요?

Simon

It won't take long. When we have finished making the shoes, we will bring them to you.

오래 걸리지 않을 거예요. 저희가 신발을 다 만들게 되면, 부인께 가져다 드릴게요.

The further I go,
the better the land seems.

멀리 갈수록 땅이 더 좋아 보여.

★　★　★

〈사람에게는 얼마만큼의 땅이 필요한가?〉에서 하루 동안 자신이 걸어
간 땅을 모두 얻을 수 있는 기회를 잡은 파흠은 되도록 많은 땅을 갖기 위
해 멀리까지 걸어갑니다. 시간 안에 되돌아 오려면 그만 돌아서야 하는데
도 포기하지 못하고 계속 나아가려는 파흠의 욕망을 나타낸 위 문장에는
'…할수록 더 ~하다' 라는 뜻의 the+비교급, the+비교급 구문이 쓰였
는데요, 이 표현을 파흠과 악마의 대화로 익혀 볼까요?

Pahom

I have ruined everything.
I should never have gone too far.

내가 모든 걸 망쳐버렸어.
너무 멀리 가지 말았어야 했는데.

Devil

The more one gets, the more one wants.
I got you into my power through your desire.

사람은 가질수록 더 원하는 법이지.
너의 욕망을 이용해서 내가 널 손아귀에 넣었어.

It was disgraceful for the ruler of a kingdom to be without an army.

왕국의 통치자가 군대가 없다는 것은 불명예스러운 일이었다.

〈바보 이반〉에서 늙은 악마는 전쟁을 통해 이반을 무너뜨리려고 장군으로 변장한 후 이반에게 접근하여 위와 같이 말하는데요, 위 문장에서 for the ruler of a kingdom이라는 표현은 to be without an army의 의미상의 주어랍니다. 이처럼 문장의 주어와 to 부정사의 주어가 다를 때는 to 부정사 앞에 그 주어를 for + 명사(대명사) 형태로 나타내 준답니다. 그럼 상인으로 변한 늙은 악마와 이반의 대화로 다시 살펴볼까요?

Your Honor, why are you working in the field like a peasant?

폐하, 어째서 농부처럼 밭에서 일하고 계십니까?

Old Devil

It is easier for me to work in the field than to enjoy wealth and power.

나는 밭에서 일하는 것이 부와 권력을 누리는 것보다 더 쉽소.

Ivan

01 준비되었나요, 아 유 뤠디?

첫 자음 r을 발음할 때는 [우]를 발음하듯 입 모양을 준비하세요.

우리가 평소 [레디]로 발음하는 ready, 사실 원어민은 [뤠디]로 발음한답니다. 이는 원어민이 첫 자음 r을 발음할 때 [우]를 발음할 것처럼 입 모양을 준비하여 [우] 소리가 살짝 더해진 것처럼 발음하기 때문이죠. 그럼 이런 예를 본문 21쪽과 41쪽에서 한번 확인해 볼까요?

"Come on Matryona," he said, "if supper's (①), let us have some."

① **ready** 그냥 [레디]가 아니라 [뤠디]로 발음해서 영어의 맛을 살리세요.

I (②) the presence of God in him.

② **recognized** [레]가 아닌 [뤠]로 발음되었죠? 이제부터 우리도 [뤠커그나이즈드]로 발음해 봐요.

02 세 얼굴의 ex-를 조심하세요!

ex-는 서로 다른 3가지의 발음을 가지고 있어요.

ex-가 단어에 따라 [eks], [iks], [igz], 이렇게 3가지로 다르게 발음된다는 것, 알고 있나요? [eks]와 [iks]는 성대를 진동시키지 않고 입에서 바람을 시원스레 내보내며 각각 [엑씨]와 [익씨]로, [igz]는 성대를 진동시키며 [이그즈]로 발음한답니다. 그럼 ex-의 3가지 발음을 본문 29쪽, 30쪽, 그리고 60쪽에서 찾아봐요.

> Yes, your (①), I can.

① **Excellency** 어때요? [엑썰런씨]로 발음되었죠?

> The leather is very (②), and the gentleman is hot-tempered.

② **expensive** 시원스레 바람을 내보내면서 [익쓰펜씨브]로 발음하세요.

> Our land is crowded and the soil is (③).

③ **exhausted** [이그조스티드]로 성대를 울리면서 발음하세요.

03 분리해야 제 맛!

qu는 [쿠]로 발음하면서 뒤의 모음과 분리하세요.

qu로 시작되는 단어를 발음하는 데 힘드셨다구요? 앞으로는 qu를 [쿠]로 발음한 다음 뒤에 오는 모음을 살짝 분리해서 발음하면 원어민처럼 발음할 수 있답니다. 그러니까, question의 경우 먼저 입술을 앞으로 오므려 [쿠]를 발음한 후 뒤에 오는 모음 [에]를 연결하여 [쿠에ㅅ쳔]으로 발음하는 거지요. 이런 예를 본문 70쪽에서 살펴봐요.

> He (　①　) his pace as he warmed up.

① **quickened** qu와 i를 분리하면서 [쿠이큰ㄷ]로 발음했어요.

> The hillock seemed to be (　②　), and the people could hardly be seen.

② **quivering** [퀴버링]이 아니라 [쿠이버링]으로 발음한 것을 알 수 있어요.

s 뒤에서는 찐하게~

s 다음에 오는 자음은 된소리로 발음해 주세요.

[s] 다음에 거센 소리인 [t], [k], [p] 발음이 이어지면 이들은 각각 된소리 [ㄸ], [ㄲ], [ㅃ]로 발음된답니다. 이는 영어가 [ㅌ], [ㅋ], [ㅍ]와 같은 거센 발음을 싫어하기 때문이에요. 그럼 [t], [k], [p]가 [s] 뒤에서 된소리로 발음되는 현상을 본문 91쪽에서 함께 찾아볼까요?

As the little devil took a bunch of (①) and
(②) it on the ground, chanting a (③),
each straw turned into a soldier.

① **straw** [스트로]가 아니에요. t를 된소리로 강하게 발음해서 [스뜨로]라고 하세요.

② **scattered** [스깨터rㄷ], 힘주어 된소리로 발음했네요.

③ **spell** 어때요? 역시 [스펠]이 아니라 [스뻴]로 발음한 것을 확인할 수 있어요.

사람은 무엇으로 사는가

1장 | 낯선 사람

`p.14~15` 시몬이라는 이름의 구두 수선공은 구두를 만들거나 수선하는 일로 가족을 먹여 살렸다. 그는 지독하게 가난해서 낡은 코트 한 벌을 아내와 함께 사용해야 했다. 겨울에는 한 번에 둘 중 한 사람만 외출할 수 있어서 무척 곤란했다. 그는 새 코트를 지을 양가죽을 사려고 돈을 모아왔는데, 가을이 되자 3루블을 모았다. 시몬은 또한 5루블 20코펙을 마을에 있는 고객들로부터 받게 되어 있었다.

어느 날 아침 시몬은 자신의 돈을 모두 모아 양가죽을 사러 나갔다. 그는 받아야 할 돈을 수거하려고 자신의 고객들 집 문을 두드렸지만 그가 받아낸 것이라곤 20코펙과 수선할 펠트 부츠 한 켤레뿐이었다.

그는 매우 낙담하여 그 20코펙을 보드카를 사 마시는 데 썼다. 그러고는 자신의 불행에 대해 혼잣말로 중얼거리며 얼어붙은 땅 위로 천천히 터덜터덜 걸어 집으로 향했다. 이미 해 질 녘이 되었고 매서운 추위가 그를 뼛속까지 시리게 했다.

`p.16~17` 집으로 반쯤 왔을 때 시몬은 성당에 이르렀고 성당 뒤로 뭔가 허연 것을 발견했다. 그는 눈을 크게 뜨고 그게 무엇인지 알아보려 했다. 더 가까이 다가가자, 놀랍게도 그것이 벌거벗은 남자라는 것을 알았다! 공포가 구두 수선공을 엄습했다.

시몬은 생각했다. '강도들이 그를 죽이고 옷을 벗긴 거야. 만약 말려들었다가는 난 틀림없이 곤경에 빠질 거야.'

시몬은 급히 나아갔고, 지나친 후에 뒤를 흘긋 돌아보았다. 그때, 그는 전보다 더 깜짝 놀랐는데 그 남자가 이제 움직이는 것 같았고 자신을 보는 것 같았기 때문이다.

시몬은 생각했다. '만약 내가 저 사람을 도와 주려고 되돌아가면 끔찍한 일이 생길지도 몰라. 그가 뛰어올라서 나의 목을 조를 수도 있잖아. 그리고 그렇게 하지 않는다고 해도, 내가 그 사람을 어떻게 하겠어? 그 사람에게 내 옷이라도 주고 집으로 데려갈까? 그건 터무니없잖아.'

p.18~19 그래서 구두 수선공은 계속 길을 가다가 양심의 가책이 느껴져서 길에 멈춰 섰다.

"아, 시몬, 부끄러운 줄 알아라." 하고 그는 혼잣말을 하며 돌아섰다.

시몬이 보니 그 낯선 사람은 청년이고, 건강하며, 몸에 멍은 없었다. 그는 확실히 몹시 추위를 느끼며 두려워하고 있었다. 시몬이 그에게 더 가까이 다가가자, 그 남자는 정신을 차리고 시몬의 얼굴을 지그시 바라보는 듯했다. 그 한 번의 눈빛은 시몬이 그를 좋아하도록 만드는 데 충분했다.

시몬은 자신의 코트를 그 남자에게 주고 그가 펠트 부츠를 신도록 도와 주었다.

"자, 여보게, 걸을 수 있겠나?" 하고 시몬이 말했다.

그 남자는 일어났고 시몬을 다정하게 바라보았지만 한 마디의 말도 하지 않았다. 시몬은 그 남자가 어디에서 왔는지, 그에게 무슨 일이 있었는지, 그리고 다른 많은 질문들도 건네 보았지만 그가 대답으로 늘 말한 것은 '전 말하면 안 돼요.'와 '하느님께서 저를 벌하셨어요.'뿐이었다.

시몬은 그 낯선 사람과 나란히 걸어가면서 자신의 아내가 뭐라고 할지 걱정이 되었다. 하지만 그 낯선 사람을 보고 성당 옆에서 그 사람이 자신을 올려다 보았던 모습을 생각했더니, 마음이 뿌듯해졌다.

p.20~21 모자를 쓰지 않고 펠트 부츠를 신은 어떤 남자를 데리고 시몬이 집 안으로 들어섰을 때, 시몬의 아내는 남은 빵을 어떻게 하면 내일까지도 먹을 수 있게 할지 궁리하고 있었다. 마트료나는 자신의 남편이 술 냄새가 나고, 코트도 입지 않은 채 꾸러미도 가져오지 않았다는 것을 바로 알아챘다.

'이 사람이 술 마시는 데 돈을 다 써버렸군. 그리고 이자가 같이 술을 마신 부랑자로군.' 하고 그녀는 생각했다.

시몬은 마치 아무런 문제도 없는 것처럼 모자를 벗고 식탁에 앉았다.

"자 마트료나, 저녁 식사가 준비되었으면 좀 주구려." 하고 그가 말했다.

마트료나는 화가 폭발하여 소리쳤다. "양가죽을 사러 가서는 벌거벗은 멍청이를 데려왔군요! 미친 주정뱅이들에게 줄 저녁 식사는 없어요!"

시몬은 주머니에서 3루블을 꺼내며 말했다. "마트료나, 그쯤 해 둬. 돈은 여기 있소. 트리포노프는 대금을 치르지 않았지만 곧 치른다고 약속했소."

p.22~23 마트료나는 돈을 잡아채며 소리쳤다. "우리 어머니가 옳았어! 당신하고 절대 결혼하지 말았어야 했는데!"

그녀는 십 년 전에 있었던 일까지 끌어들이며 언성을 높여 시몬에게 잔소리했다.

마트료나가 마침내 말을 멈추자, 시몬은 마트료나에게 어떻게 자신이 그 남자를 발견했는지를 말했다.

"하느님께서 그를 나에게 보내신 거야. 그렇지 않았다면 그는 죽었을 테지. 마트료나, 그렇게 화내지 마오. 그건 죄야. 우리 모두 언젠가 반드시 죽게 된다는 것을 명심해."

성난 말들이 마트료나의 입으로 튀어나오려 했지만 그녀는 낯선 사람을 쳐다보고 조용해졌다. 그는 마치 괴로운 듯이 눈을 감고 이맛살을 찌푸린 채 움직이지 않고 긴 의자의 가장자리에 앉아 있었다.

"마트료나, 당신에겐 하느님의 사랑이 없는 거요?" 시몬이 말했다.

마트료나가 이 말을 듣고, 낯선 사람을 쳐다보자 갑자기 그에 대한 마음이 누그러졌다. 그녀는 오븐으로 가서 마지막 빵 한 조각을 내왔다.

그녀는 낯선 사람에게 측은한 마음이 들어, "먹고 싶으면 먹어요." 하고 말했다.

낯선 사람은 이내 올려다 보며 그녀에게 밝게 미소 지었다. 두 사람이 저녁 식사를 마치자, 마트료나는 상을 치우고 낯선 사람에게 묻기 시작했다. 하지만 그녀가 들은 것이라고는 하느님께서 그를 벌하셨다는 말뿐이었다.

마트료나는 그날 밤 침대에 누워 내일 먹을 빵이 없다는 생각을 하면서 화가 났지만, 낯선 사람이 그녀에게 미소 짓던 모습을 떠올리면 마음이 즐거워졌다.

p.24~25 아침에 시몬이 일어났을 때 그의 아내는 이웃집에 빵을 얻으러 가고 낯선 사람은 위를 바라보며 혼자 앉아 있었다.

"자네는 무슨 일을 하나?" 하고 시몬이 낯선 사람에게 말했다.

"저는 일을 할 줄 모릅니다." 하고 그가 말했다.

"자네 이름이 뭔가?"

"미하일입니다."

"자, 자신에 대해 말하고 싶지 않다면, 그건 자네 사정일세. 하지만 밥벌이는 해야겠지. 만약 자네가 내가 시키는 대로 일을 한다면 자네에게 먹을 것과 잠자리를 주겠네."

"하느님께서 당신에게 은총을 베푸시기를! 배우겠습니다. 해야 할 일을 알려주세요."

시몬은 실을 몇 가닥 잡아 자신의 엄지 손가락에 감고 꼬기 시작했다. 미하일은 시몬을 보고 똑같이 했다. 시몬이 무엇을 보여주든, 미하일은 바로 이해했고, 사흘이 지나자 미하일은 마치 평생 부츠를 바느질해왔던 것처럼 일했다. 그는 쉬지 않고 일했고, 식사는 조금만 했으며, 일이 끝나면 위를 바라보며 말없이 앉아 있었다.

일 년이 지나자 사람들은 아무도 미하일처럼 훌륭하고 튼튼한 부츠를 만들지 못한다고 말하기 시작했다. 그의 명성이 전역으로 퍼졌고 많은 사람들이 그에게 와서 부츠를 만들어 달라고 했다.

2장 | 미하일의 비밀

`p.28~29`　어느 겨울 날, 시몬과 미하일이 일하고 있을 때 고급 마차 한 대가 집 쪽으로 다가왔다.

털 코트를 입은 한 신사가 내렸고 집으로 들어오려고 몸을 굽혔다. 그가 다시 똑바로 섰을 때, 그의 머리가 거의 천장에 닿을 정도였다. 그는 몸집이 크고 철로 주조된 것 같았다. 시몬은 일어나서 인사를 했고 놀라워하며 그 사람을 쳐다보았다.

그 신사는 자신의 털옷을 벗어 던지고 긴 의자에 앉아서 꾸러미를 풀었다.

"구두장이, 여기를 봐. 이 가죽 보이나?" 하고 그가 말했다.

"예, 나리." 하고 시몬이 말했다.

"이건 독일산 가죽인데 세상에서 가장 품질 좋지, 그리고 20루블이나 들었어. 자, 자네가 이것으로 나에게 부츠를 만들어 줄 수 있겠나?"

"예, 나리, 할 수 있습니다."

"할 수 있다고 생각하는군, 그런 거지? 지금 경고하는데, 만약 자네가 만든 부츠가 일 년 안에 형태가 망가지거나 솔기가 풀어진다면 자네를 감옥에 집어 넣겠다. 하지만 일 년 동안 형태가 유지된다면 만든 대가로 10루블을 지불하지." 하고 신사가 소리쳤다.

p.30~31 겁이 나고 무슨 말을 해야 할지 몰라, 시몬은 미하일을 흘긋 보며 속삭였다. "이 일을 맡을까?"

미하일은 고개를 끄덕였고, 그래서 시몬은 신사의 발 치수를 재기 시작했다. 신사는 양말 속에서 발가락들을 씰룩씰룩 움직였고 조바심하며 주변을 둘러보았다. 그는 미하일이 구석을 응시하며 마치 거기에 있는 누군가를 보는 것처럼 밝게 미소 짓는 것을 보았다.

"이 멍청아, 뭘 보고 웃는 거냐? 제 시간에 부츠를 준비해 두는 게 좋을 거야." 하고 신사가 고함쳤다.

그는 자신의 부츠와 털 코트를 입고 문가로 갔다. 하지만 머리를 숙여야 하는 것을 깜빡 잊어서 문틀에 머리를 부딪치고 말았다. 욕설을 퍼붓고 머리를 문지르며 신사는 마차에 올랐고 그의 하인은 마차를 몰고 떠났다.

시몬은 미하일에게 말했다. "자, 우리가 일을 맡기는 했네만, 조심해야지 그렇지 않았다가는 곤경에 빠질 게야. 가죽은 아주 비싸고 신사는 성미가 급하네. 우리가 실수하지 않는 것이 중요해. 자, 자네의 눈이 내 눈보다 더 밝고 자네의 손이 내 손보다 더 민첩해졌지. 가죽을 가져다가 잘라서 부츠를 만들게."

p.32~33 다음 날 시몬이 보니 미하일은 신사의 가죽으로 슬리퍼를 만들어 놓았다. 시몬은 신음하며 생각했다. '왜 미하일이 지금 첫 실수를 저지른 거지? 이거 끔찍하군. 난 절대 이 가죽을 대체할 수가 없는데. 난 감옥에 갇히게 될 거야.'

그리고 그는 미하일에게 말했다. "이 친구야, 뭘 하고 있는 거야? 자네가 날 망쳤어! 그 신사가 긴 부츠를 원하는 걸 자네도 알잖아!"

그때 누가 문을 두드렸다. 그는 신사의 마차를 몰던 하인이었다.

"저희 주인님께서는 더 이상 부츠가 필요하지 않아요. 주인님은 돌아가셨습니다." 하고 하인이 말했다.

"어떻게 된 거요?"하고 시몬이 말했다.

"주인님께서는 이곳을 떠난 후 마차 안에서 돌아가셨어요. 집에 도착해서 우리가 문을 열었을 때는 주인님이 너무 뻣뻣해서 거의 꺼낼 수가 없었죠. 마님께서 이제는 죽은 사람에게 신기는 부드러운 슬리퍼가 필요하다는 것을 당신들에게 말해주라고 저를 이리로 보내셨어요. 슬리퍼가 될 때까지 기다렸다가, 집으로 가져오라고 하셨답니다."

미하일은 자신이 만들어 놓은 부드러운 슬리퍼를 작업대에서 가져다가, 먼지를 털었고, 앞치마로 닦은 다음, 하인에게 주었다.

p.34~35 시간은 흘러, 미하일은 여섯 해째 시몬과 살고 있었다. 그는 여전히 아무 데도 가지 않았고, 필요한 경우에만 말했으며, 그 세월 동안 단 두 번만 미소 지었을 뿐이었다. 한 번은 마트료나가 그에게 음식을 주었을 때였고, 두 번째는 그 신사가 집에 있을 때였다.

식구들이 모두 집에 있던 어느 날 시몬의 아이들 중 하나가 말했다. "미하일 삼촌, 보세요! 어떤 부인이 두 여자아이와 오고 있는데 여자아이들 중 하나는 발을 절어요."

미하일은 하던 일을 중단하고 창문으로 몸을 기울여 유심히 쳐다보았다. 그는 전에는 절대로 관심 있게 거리를 내다보지 않았는데, 지금은 얼굴이 창문에 달라붙은 것 같았다.

부인이 의자를 건네받고 앉았을 때, 그녀의 딸들은 집 안에 있는 사람들이 두려워서 부인의 무릎에 바짝 붙었다. 시몬은 미하일이 마치 두 소녀를 아는 것처럼 유심히 바라보는 것을 보고 놀랐다.

부인은 절름발이 아이를 자신의 무릎 위로 올리고 말했다. "절름발이인 발에 맞는 신발 한 짝과 나머지 정상적인 발에 맞는 신발 세 짝을 만들어 주세요."

시몬이 절름발이 소녀의 치수를 재며 말했다. "참 예쁜 아이네요. 태어날 때부터 이랬나요?"

"아니에요. 아이의 엄마가 아이의 다리를 뭉개버렸어요."

p.36~37 부인은 그들에게 자초지종을 말해 주었다.

"아이들의 아빠는 나무꾼이었는데 아이들이 태어나기 사흘 전에 숲에서 넘어지는 나무에 깔려 죽었어요. 아이들의 엄마는 아이들을 낳을 때도 혼자였고, 죽을 때도 혼자였죠. 엄마가 죽을 때 몸이 이 아이에게로 굴러서 아이의 다리를 뭉갠 거예요. 다음 날 아침에 제가 죽어 있는 그녀를 발견했고, 마을 사람들이 다 같이 와서 그녀의 몸을 씻기고, 관을 만들어 땅에 묻어 주었지만, 아이들은 어떻게 해야 했을까요? 당시 아기가 있는 여자는 저뿐이었어요. 그래서 제가 아이들을 데려와서 제 아들과 함께 젖을 먹여 길렀지요. 그리고 하느님의 뜻으로 제 아들은 죽었지만, 이 두 아이는 자라게 되

었어요. 저한테 더 이상 아이가 생기지 않았으니, 이 아이들이 없다면 전 너무나 외로울 거예요. 전 이 아이들을 사랑하고 아이들은 제 삶의 기쁨이랍니다!" 마트료나는 한숨을 쉬며 말했다. "그 속담이 맞네요. 사람은 아버지나 어머니가 없어도 살 수 있지만 하느님이 없이는 살 수 없다."

갑자기 마치 번개를 맞은 것처럼 미하일이 앉아 있던 구석에서부터 집 전체가 밝아졌다. 그들이 보니 그 빛은 위를 보며 미소 짓고 앉아 있는 미하일에게서 나오는 것이었다.

`p.38~39` 부인이 아이들을 데리고 떠나자, 시몬은 미하일에게 엎드려 절했다.

"미하일, 자네가 평범한 사람이 아니란 것을 알겠네. 자네는 이때까지의 세월 동안 세 번 미소를 지었는데, 매번 자네의 얼굴이 아주 밝게 빛나더군." 하고 그는 말했다.

미하일이 대답했다. "저에게서 빛이 나는 것은 제가 벌을 받고 있었는데 이제 하느님께서 저를 용서하셨기 때문이에요. 제가 세 번 미소를 지은 것은 하느님께서 세 가지 진리를 깨우치라고 저를 보내셨는데, 제가 그것들을 깨우쳤기 때문입니다."

시몬이 말했다. "미하일, 말해 주게나, 왜 하느님께서 자네를 벌하셨나? 그리고 세 가지 진리란 무엇인가?"

미하일이 말했다. "제가 명령을 거역했기 때문에 하느님께서 저를 벌하셨습니다. 저는 하늘의 천사였고 하느님께서 막 쌍둥이 여자아이들을 낳은 한 여인의 영혼을 데려오라고 저를 보내셨지요. 여인이 저를 보고 아이들은 아버지나 어머니가 없이는 살수 없으니 자신의 영혼을 데려가지 말라고 애원했습니다. 전 그녀에게 동의하여 그녀의 영혼을 데려가지 않은 채 하느님께 돌아갔습니다."

`p.40~41` 천사는 자신의 이야기를 계속했다.

"하느님께서 '가서 어머니의 영혼을 데려오고 세 가지 진리를 깨우치라. 사람 안에는 무엇이 있는지를, 사람에게 주어지지 않은 것이 무엇인지를, 그리고 사람은 무엇으로 사는지를 깨우치라. 네가 이것들을 깨우치게 되면, 천국으로 돌아올 수 있으리라.' 라고 말씀하셨어요. 그래서 제가 다시 지상으로 날아가서 어머니의 영혼을 취하자, 그녀의 몸이 데굴데굴 굴러 한 아기의 다리를 뭉개버렸습니다. 제가 여인의 영혼과 함께 마을 위로 날아오르는데, 제 날개가 떨어져 나갔고 저는 추락했지만 여인의 영혼은 하느님께 날아갔습니다."

시몬과 마트료나는 자신들이 천사와 함께 살아왔다는 것을 알고, 기뻐서 눈물을 흘렸다.

그리고 천사가 말했다. "저는 벌거벗고, 굶주리고, 몸이 언 채 들판에 혼자 있었고, 어찌할 바를 몰랐어요. 그래서 근처 성당 뒤로 피했고 그때 한 남자가 길을 따라 오는 것을 보았습니다. 그의 얼굴은 끔찍해 보였고, 그래서 전 외면했습니다. 그는 지나쳐 갔고 저는 절망했어요. 그런데 그때 그 남자가 다시 오는 소리가 들렸어요. 제가 올려다보았을 때, 그는 도저히 같은 사람으로 보이지 않았어요. 전에는 그의 얼굴에서 죽음이 보였지만, 이제 그는 생기 있어 보였습니다. 저는 그 사람 안에 하느님께서 존재하심을 알았어요. 그 남자는 저에게 옷을 입혀 주었고 그 남자가 그랬던 것보다 더 무시무시한 여자가 살고 있는 자신의 집으로 저를 데려갔습니다. 죽음의 기운이 그녀의 입에서 뿜어져 나오다가 그녀의 남편이 하느님에 대해 말하는 순간 그녀는 이내 바뀌었어요. 그녀가 저에게 음식을 가져다 주었을 때, 저는 죽음이 더 이상 그녀 안에 없음을 알았어요. 그때 저는 사람 안에 무엇이 있는지를 깨우치라는 하느님의 첫 가르침이 기억났고, 사람 안에는 사랑이 있다는 것을 깨달았어요! 전 너무나 기뻐서 처음으로 미소를 지은 것이랍니다."

p.42~43 천사는 말을 이었다.

"제가 여러분과 살고 있을 때 형태가 망가지거나 째지지 않고 일 년 동안 유지되는 부츠를 주문하러 한 남자가 왔습니다. 저는 제 동료인 죽음의 천사가 그의 뒤에 나타난 것을 보았어요. 오직 저만이 그 천사를 볼 수 있었고, 일몰 전에 그가 부유한 남자의 영혼을 데려가리라는 것을 알았습니다. '저 사람은 일 년의 계획을 세우지만 저녁이 되기 전에 죽을 것을 모르는구나.' 하고 저는 마음 속으로 생각했어요. 그리고 사람에게 주어지지 않은 것이 무엇인지를 깨우치라는 하느님의 두 번째 가르침이 기억났어요. 저는 사람에게는 자신들에게 필요한 것을 아는 능력이 주어지지 않았다는 것을 이해하게 되었고, 그리고 그때 두 번째로 미소를 지었습니다. 저는 세 번째이자 마지막 가르침을 깨닫기 위해 이 부인이 쌍둥이 소녀들과 함께 올 때까지 끈기 있게 6년을 기다렸습니다. 저는 즉시 그들을 알아보았고, 아이들이 어떻게 보살핌을 받았는지 들었고,

그리고 '낯선 사람이 아이들에게 젖을 먹이고 그들을 길러 주었구나.' 하고 생각했습니다. 저는 그녀 안에 하느님이 살아계심을 보았고 사람이 무엇으로 사는지를 이해했습니다. 그때, 저는 하느님께서 저에게 마지막 진리를 계시하셨고, 제 죄를 용서하셨음을 알았기에 세 번째로 미소를 지은 것입니다."

p.44~45 천사의 몸이 너무 환한 빛으로 뒤덮여 아무도 그를 쳐다볼 수가 없었다. 그는 하느님께 찬송가를 바쳤고, 그의 목소리가 점점 더 커지더니, 천상에서 들려오는 것 같았다.

천사는 말했다. "사람은 자신들을 돌봄으로써 사는 것이 아니라 사랑으로 사는 것입니다. 하느님께서는 사람들이 이기적으로 사는 것을 원치 않으시고, 그들이 화합하여 살기를 바라신다는 것을 저는 깨달았습니다. 사랑이 있는 사람은 하느님 안에 있고, 하느님께서 그 안에 있으니 이는 하느님이 사랑이기 때문입니다."

갑자기 그의 목소리에 집이 흔들리더니, 지붕이 열렸고, 지상에서 천상으로 불기둥이 치솟았다. 시몬과 그의 아내, 아이들은 땅에 납작 엎드렸다. 천사의 어깨 위로 날개가 나타났고, 천사는 하늘로 날아올랐다. 시몬이 눈을 떴을 때, 집은 제자리로 돌아가 있었고 집 안에는 그의 가족들 외에는 아무도 없었다.

우리 글로 다시 읽기
사람에게는 얼마만큼의 땅이 필요한가?

1장 | 악마의 계획

p.52~53 파흠은 사랑하는 아내와 가족과 함께 검소하게 사는 근면한 농부였다. 그에게 충분한 땅이 없는 것이 유일한 문제였다. 파흠이 아무리 조심해도, 때때로 그의 말이 근처 지주의 소유지로 들어가서 그곳의 귀리를 먹거나, 그의 소가 길을 잃고 지주의 밭으로 들어가곤 했다. 그는 항상 벌금을 내야 했는데, 이 때문에 그는 불평을 했다. 파흠은 화가 난 채 집으로 가서 가족들을 거칠게 대하곤 했다.

한 번은 그가 "나에게 땅이 많다면, 악마도 두렵지 않을 텐데!" 하고 소리쳤다.

악마가 난로 뒤에 숨어 있다가 파흠이 하는 말을 듣고 기뻐했다.

'좋다. 내가 너에게 땅을 주고 그 땅으로 너를 나의 세력권 안에 넣고 말겠다.' 하고 악마는 생각했다.

p.54~55 그해 겨울, 지주가 자신의 땅을 팔기로 했고, 그래서 파흠은 아내에게 말했다.

"우리가 20에이커 정도를 꼭 사야겠소. 벌금에 짓눌리다가는 사는 게 불가능해."

모아 놓은 돈이 백 루블뿐이었으므로, 그들은 말 한 마리와 자신들의 벌들 중 절반을 팔았다. 그 다음에 아들들 중 하나를 일꾼으로 보내고, 그의 임금을 선금으로 받았다. 나머지 돈은 매형에게서 빌렸고, 그렇게 구입 대금을 긁어모았다.

그래서 이제, 파흠은 지주가 되었다. 첫 수확량이 좋아서 일 년 안에 그는 매형에게 진 빚을 모두 갚았다. 파흠은 밭을 갈러 나가거나 자라는 옥수수를 볼 때면, 마음이 기쁨으로 가득 찼다. 이제 그가 땅을 소유하고 보니 그 땅이 아주 특별해 보였다.

p.56~57 파흠은 만족스러웠고 만일 이웃들의 소들과 말들이 그의 옥수수 밭과 목초지에 들어오지 않았더라면 모든 것이 완벽했을 것이다. 파흠은 여러 번 가축들을 쫓아냈고, 주인들을 용서했지만, 결국 그는 인내심을 잃고 말았다. 그는 지방 법원에 고발했고, 농부 세 명이 벌금을 물었다.

이로 인해서 그의 이웃들은 파흠에게 원한을 품었고 어떤 사람은 파흠의 마구간을 불지르겠다고 위협하기도 했다. 파흠은 더 많은 땅을 가졌지만, 그의 삶은 전보다 훨씬 더 나빠졌다.

어느 날 마을을 지나가던 농부가 파흠에게 볼가 강 너머의 땅이 1에이커에 고작 25센트라서 사람들이 그곳으로 이주하고 있다고 말했다. 그가 말하기를 그곳의 땅이 매우 비옥해서 독보리가 말만큼 크게 자란다는 것이었다.

이 말을 듣자, 파흠의 마음은 욕망으로 가득 찼다.

'왜 내가 이렇게 비좁은 구멍에서 고생해야 되지? 이곳의 땅과 말을 팔고 저쪽에서 새 출발을 하겠어. 하지만 먼저, 내가 직접 가서 봐야지.' 하고 그는 생각했다.

p.58~59 파흠은 볼가 강을 따라 내려가 그곳이 농부가 말한 대로라는 것을 알게 되었다. 봄에, 파흠은 이윤을 남기고 땅을 판 다음 가족과 함께 새로운 이주지로 이사했

다. 그들이 도착하자마자, 파흠은 좋은 땅 125에이커를 사고 무척 흥분했다. 첫 해, 그의 밀 농사가 아주 잘 되었다. 그는 계속해서 밀을 경작하고 싶었지만, 2년 연속으로 밀을 심지 못한다는 것을 알게 되었다. 지방 법규에 땅이 키 큰 풀로 덮일 때까지 땅이 회복되어야 한다고 정해져 있었다.

'나한테 땅이 더 많다면, 이런 문제는 없었을 텐데.' 하고 파흠은 생각했다.

어느 날 지나가던 상인이 자신의 말들에게 여물을 먹이려고 파흠의 집에 잠깐 들렀다. 그는 먼 바슈키르인들의 땅에서 막 돌아오는 길이었다. 파흠과 차를 마시며, 상인은 1만 3천 에이커의 땅을 천 루블에 샀다고 말했다.

"그저 드레싱 가운과 카펫 같은 선물로 족장에게 아첨만 하면 됩니다. 바슈키르인들은 양처럼 단순해서 당신은 그들의 땅을 거의 공짜로 살 수 있어요." 하고 그는 말했다.

상인이 떠난 직후, 파흠은 상인이 충고한 대로 선물을 준비했다. 그는 하인을 데리고 길을 떠났고 일주일 뒤, 바슈키르인들의 천막에 도착했는데, 그것들은 대초원 지대의 강가에 있었다.

p.60~61 파흠은 땅을 사고 싶은 열망을 나타냈고, 이에 바슈키르인들은 기뻐했다. 그들은 파흠을 가장 좋은 텐트 중 하나로 안내했고 그에게 차와 양고기를 대접했다. 답례로, 파흠은 자신의 수레에서 선물을 꺼내왔다.

바로 그때, 여우 털모자를 쓴 남자가 텐트 안으로 걸어 들어왔고 다른 바슈키르인들은 존경심에 모두 자리에서 일어났다.

바슈키르인들 중 한 사람이 말했다. "이분이 저희 족장이십니다."

파흠은 즉시 가장 좋은 드레싱 가운을 족장에게 건넸다. 족장은 감사하는 마음으로 그것을 받았고 자리에 앉았다.

"당신이 마음에 드는군요. 손님을 기쁘게 해드리고 손님의 선물에 보답하는 것이 우리의 전통입니다. 답례로 무엇을 원하십니까?" 하고 족장은 파흠에게 말했다.

"여러분의 땅을 좀 사고 싶습니다. 저희 땅은 비좁고 흙은 영양분이 고갈되어 작물이 자라지 못하게 됐어요." 하고 파흠이 대답했다.

"음, 어떤 땅이든 마음에 드는 것을 골라 보시오. 우린 땅이 많답니다."

p.62~63 "그럼 가격은 어찌 됩니까?" 하고 파흠이 물었다.

"가격은 항상 같지요. 하루에 천 루불입니다." 하고 족장이 대답했다.

파흠은 어리둥절해서 물었다. "하루라는 게 어떤 단위입니까? 그게 에이커로 얼마인데요?"

"우리는 하루 단위로 땅을 팝니다. 당신은 하루에 걸을 수 있는 만큼의 땅을 가질 수 있어요. 가격은 천 루불이지만 맞춰야 하는 조건이 하나 있습니다. 만약 같은 날 출발한 지점으로 돌아오지 못하면, 당신은 돈을 잃게 됩니다." 하고 족장이 말했다.

"하지만 제가 간 길을 어떻게 표시하죠?"

"삽을 가지고 가서 필요할 때마다 표시해야 합니다. 방향을 바꿀 때마다, 땅을 파서 뗏장을 쌓고, 그러면 그 후에 우리가 돌아다니며 구덩이와 구덩이 사이의 땅을 파서 연결합니다. 원하는 만큼 넓게 한 바퀴를 돌아도 좋지만, 일몰 전에, 반드시 출발했던 지점으로 돌아와야 합니다. 당신이 걸어 간 땅은 모두 당신 것이 될 겁니다."

파흠은 그렇게 싼 땅을 많이 얻을 생각에 기뻤다. 그들은 해가 뜨기 전에 출발할 지점으로 말을 타고 나가기로 약속했다.

2장 | 욕심의 끝

p.66~67 그날 밤, 파흠은 누군가가 그의 텐트 밖에서 킬킬 웃는 것을 듣는 꿈을 꾸었다. 파흠이 그것이 누구인지 보려고 나갔을 때, 그는 족장이 텐트 앞에 앉아서 웃고 있는 것을 보았다. 그에게 가까이 다가가니, 그것은 자신의 집에 들렀던 상인인 걸 알게 되었다. 파흠이 "무엇을 보고 웃는 거요?" 하고 막 물으려는 순간 그것은 더 이상 상인이 아니라 볼가 강 지역에서 온 농부인 것을 알게 되었다. 이어 거기에 앉아 킬킬 웃고 있는 것은 농부가 아니라 사실은 뿔과 말굽이 달린 악마임을 알게 되었다.

악마 앞에는 한 남자가 맨 발로, 바지와 셔츠만 입은 채, 땅에 엎드려 있었다. 파흠은 거기에 누워 있는 남자를 더 자세히 쳐다보는데, 그 남자는 죽었으며, 죽은 남자가 바로 자기 자신이라는 것을 알았다! 파흠은 소스라치게 놀라며 깨어났다.

'참으로 이상한 꿈이로군!' 하고 그는 생각하며, 열린 문을 통해 동이 트고 있음을 알았다.

p.68~69 파흠과 하인, 바슈키르인들이 초원에 도착했을 때 하늘은 붉어지고 있었다. 그들은 작은 언덕으로 말을 타고 올라갔고, 그곳에서 족장은 자신의 여우 털모자를 벗어 땅에 놓았다.

"이곳에서 출발해서 해지기 전에 돌아오시오. 당신이 걸어 간 땅은 모두 당신 것이 될 겁니다." 하고 족장이 파흠에게 말했다.

해가 지평선 위로 나타나기 시작하자 파흠의 눈이 빛났다. 그는 돈을 꺼내서, 모자에 넣은 다음, 어깨에 삽을 지고 출발했다. 파흠은 자신의 땅을 정사각형으로 만들 계획이었다.

p.70~71 천 야드를 걸은 후, 파흠은 걸음을 멈추고 뒤돌아 보았다. 작은 언덕과 그 위에 있는 사람들이 햇빛 속에서 또렷이 보였다. 몸이 따뜻해지면서 그는 걸음을 재촉했다. 다음에 파흠이 뒤돌아 보았을 때, 언덕은 아주 작았고 사람들은 검은 개미처럼 보였다.

'방향을 바꾸기에는 아직 일러. 멀리 갈수록 땅이 더 좋아 보이는군.'

파흠이 부츠를 벗어버리자 걷기가 한결 편해졌다. 그는 해가 똑바로 머리 위로 올 때까지 계속해서 걸었다. 날씨가 너무 더워서 파흠은 지치기 시작했다.

'자, 좀 쉬어야겠군.' 하고 그는 생각했다.

그는 앉아서 때늦은 아침 식사를 했는데, 잠이 들까 두려워 눕지는 않았다. 파흠은 구멍을 팠고, 뗏장을 쌓았고, 그리고 왼쪽으로 재빨리 방향을 틀었다.

한참을 걸은 뒤에 파흠은 언덕 쪽을 보려고 걸음을 멈추었다. 날은 지독하게 더워져서 그 열기 때문에 아지랑이가 가물거렸다. 언덕은 흔들리는 것 같았고, 사람들은 잘 보이지 않았다.

'아! 첫 번째 변을 너무 길게 만들었구나. 두 번째는 그 보다 짧게 만들어야지.'

그는 재빨리 구멍을 팠고 다시 한번 왼쪽으로 방향을 틀었다. 해는 지평선까지 거의 중간 부분에 와 있었고, 그는 정사각형의 세 번째 변 중에서 겨우 1마일밖에는 가지 못했다. 아직도 갈 길이 10마일이나 남아 있었다.

'이제 서둘러야겠다. 위험을 무릅쓰고 너무 멀리 갈 수는 없어. 난 이미 땅이 많이 생겼으니까.'

파흠은 언덕 쪽을 향해 똑바로 방향을 틀었는데 이제는 간신히 걷는 정도였다. 그는 몹시 쉬고 싶었지만 목표 지점에서 아직도 멀리 있었고, 해는 이미 지평선에 가까이 가 있었다.

p.72~73 파흠은 코트와 부츠, 모자를 벗어 던지며 달리기 시작했다. 그는 삽만 가지고 갔다.

'어쩌면 좋지? 내가 너무 욕심을 부려서 모든 것을 망쳐버렸어. 해가 지기 전까지 그곳에 도착하지 못하겠는데.'

이러한 두려움이 파흠을 더욱 숨가쁘게 만들었지만 그는 계속 달렸다. 그의 셔츠와 바지는 땀으로 흠뻑 젖어서 몸에 달라붙어 있었고, 허파는 대장장이의 풀무처럼 움직였고, 심장은 망치처럼 쿵쾅거렸다. 입은 바짝 말랐고 다리는 자신의 것이 아닌 것 같았다. 파흠은 긴장으로 죽을까 봐 두려웠지만 멈출 수가 없었다.

"만약 내가 지금 달리기를 멈추면 사람들이 날 바보라고 부를 테지.' 하고 그는 생각했다.

파흠이 계속 달려서 가까이 다가가자, 바슈키르인들이 그에게 큰 소리로 외치고 고함치는 소리가 들렸고, 그들의 외치는 소리는 파흠을 계속 몰아붙였다.

p.74~75 해가 지평선에 가까이 왔지만, 파흠도 또한 목표 지점에 가까이 와 있었다. 자신의 돈이 든 땅 위의 여우 털모자와 땅에 앉아 웃고 있는 족장이 보였다. 파흠은 자신의 꿈이 생각났다.

'땅은 많은데 하느님께서 나를 그 땅에 살게 하실까? 난 절대로 저 곳에 도착하지 못할 것 같아.' 하고 그는 생각했다.

그가 언덕 기슭에 다다랐을 때, 해는 지평선에 닿았다. 그는 바슈키르인들이 크게 외치는 소리를 들으며 심호흡을 하고 위로 달려갔다. 날은 점점 어두워졌지만 언덕 위쪽은 여전히 밝았다. 파흠은 모자와 그 앞에 앉아서 웃고 있는 족장을 보았고, 다시 한번 자신의 꿈이 생각났다. 파흠은 외마디 비명을 질렀고, 두 다리가 풀려 고꾸라지면서 두 손으로 그 모자를 잡았다.

"아! 정말 대단한 사나이야. 많은 땅을 차지했군." 하고 족장이 말했다.

파흠의 하인이 그를 일으켜 세우려고 했지만, 그의 입에서 피가 흘러내리고 있음을 알게 되었다. 파흠은 죽어 있었다! 그의 하인은 삽을 들고 파흠이 누울 만큼만 무덤을 파서 그를 묻어 주었다. 머리에서 발끝까지 6피트가 그에게 필요한 땅의 전부였다.

우리 글로 다시 읽기
바보 이반

1장 | 이반과 악마들

p.82~83 옛날에 시몬, 타라스, 그리고 이반이라는 세 아들을 둔 부유한 농부가 살았다. 시몬은 황제를 섬기기 위해 출전했고, 용맹스럽게 복무한 공을 인정 받아 값비싼 땅을 하사 받았으며 귀족의 딸과 결혼했다. 타라스는 상인으로 성공하기 위해 도시로 갔고, 상인 집안으로 장가를 들었다. 이반은 집에 부모님과 함께 남아 근면한 농부로서의 삶을 계속 이어갔다.

늙은 악마는 형제들이 평화롭게 사는 것을 보고 약이 올랐다.

그는 자신의 새끼 악마 셋을 소집해서 말했다. "잘 들어라! 군인 시몬, 상인 타라스, 그리고 바보 이반이라는 형제 셋이 있다. 너희 셋은 가서 각자 한 형제씩과 맞붙어 그 형제들이 서로의 눈을 잡아 뽑도록 만들어라. 이것을 달성하는 가장 좋은 방법은 시몬과 타라스가 집으로 돌아올 수 밖에 없도록 그들을 파멸시키는 거야. 그리고 만약 너희가 이반이 농지에서 일하는 것을 막으면, 먹을 것이 없어질 테고 형제들이 음식을 두고 싸우겠지."

p.84~85 첫째 새끼 악마는 시몬에게 가서 그의 혈기가 충천하도록 선동했다. 시몬은 곧장 황제에게 가서 그를 위해 온 세상을 정복하겠다고 나섰다. 시몬은 인도 총독과 싸우기 위해 군대와 함께 보내졌지만 새끼 악마가 화

약을 축축하게 만들었고 짚으로 인도 군인들을 만들었다.

시몬의 군인들이 엄청난 수의 인도 군인들에게 둘러싸이고, 자신들이 대포와 소총을 발사할 수 없음을 알고는 당황하여 후퇴했다. 시몬은 패배로 인해 파면되고, 땅이 몰수되어, 빈 손으로 아버지의 농가로 돌아왔다.

둘째 새끼 악마는 타라스를 매우 탐욕스럽게 만들어서 그는 눈에 보이는 것마다 모두 소유하고 싶어했다. 그는 자신의 돈을 모두 막대한 양의 상품을 사는 데 다 써버렸고, 돈이 다 떨어지자, 빌린 돈으로 계속해서 물건을 사들였다.

새끼 악마는 청구서의 만기가 도래하기 전에 타라스가 사들인 물건을 모두 못쓰게 만들었고 타라스는 파산 선고를 받았다. 그도 역시 자신의 아버지에게로 돌아갔다.

p.86~87 셋째 새끼 악마는 이반의 물 주전자 안에 침을 뱉어서 이반이 배탈이 나도록 만들었지만, 이반은 여전히 밭을 갈러 나갔다. 그래서 새끼 악마는 땅을 아주 단단하게 만들어서 쟁기가 거의 땅을 뚫고 들어가지 못하도록 만들었는데, 이반은 고통으로 신음하면서도 여전히 일을 계속했다. 쟁기가 부러지자, 이반은 부러진 쟁기를 다른 쟁기로 바꿔서 다시 일하러 갔다.

새끼 악마가 땅속으로 숨어들어 쟁기 날을 붙잡았지만, 그렇다고 이반을 멈추게 하는 데 성공하지는 못했다. 이반이 아주 세게 눌렀기 때문에 새끼 악마는 두 손이 베였고 이반은 가까스로 대부분의 밭을 갈았다.

이반은 여전히 배가 아픈데도 불구하고 마지막으로 남은 약간의 땅을 마저 갈기 위해 다음 날 밭에 나왔다. 이반이 일을 시작하자 갑자기 그의 쟁기가 마치 단단한 뿌리를 친 것처럼 꼼짝도 하지 않았다.

'이상하네. 전에는 여기에 뿌리 같은 것이 전혀 없었는데.' 하고 이반은 생각했다.

이반이 밭고랑 안으로 손을 집어넣자, 뭔가 물컹한 것이 느껴졌다. 이반은 그것을 움켜쥐었고, 뽑아내어, 그것이 새끼 악마라는 것을 알게 되었다.

이반은 화나서, "고얀 놈!" 하고 소리쳤다.

p.88~89 이반이 새끼 악마를 땅에 내팽개치려 하자 새끼 악마가 "절 죽이지 마세요. 그러면 당신이 하라는 대로 다 할게요." 라고 외쳤다.

"나한테 뭘 해 줄 수 있는데?" 하고 이반이 물었다.

"바라는 것을 말해 보세요." 하고 새끼 악마가 대답했다.

이반은 뒷머리를 긁적이며 생각하다가, 결국 "난 배가 몹시 아파. 날 치료할 수 있어?" 하고 말했다.

"물론 할 수 있죠." 하고 새끼 악마가 말했다.

이반이 새끼 악마를 놓아주자, 새끼 악마는 갈고리 발톱으로 긁으며 밭고랑을 수색했고, 몇 개의 뿌리를 뽑아냈다.

새끼 악마가 말했다. "당신이 이것을 조금 삼키면, 어떤 병에 걸리든 즉시 치료될 거예요."

이반이 들은 대로 하자, 즉시 몸이 나아졌다.

새끼 악마는 "부디 이제 저를 보내 주세요. 땅 속으로 사라져서, 다시는 돌아오지 않을게요." 하고 애원했다.

"좋아. 가라, 그리고 하느님이 너에게 은총을 베푸시기를." 하고 이반이 말했다.

이반이 하느님을 언급하자, 새끼 악마는 눈 깜짝 할 사이에 땅 속으로 사라졌고, 땅에는 작은 구멍만이 하나 남았다.

이반은 곧 밭을 다 갈고 집으로 돌아갔다.

p.90~91 첫째 새끼 악마는 임무를 완수하고, 자신의 형제가 이반을 패배시키는 것을 도우러 갔다. 그는 도처를 찾아보았지만, 구멍만 발견했을 뿐이었다.

"이런, 이상하네. 내가 형제를 대신해서 그 바보가 일하는 것을 막아야겠군." 하고 그가 말했다.

이반은 다음 날 새벽에 큰 낫을 가지고 나가서 풀을 베기 시작했다. 그래서 새끼 악마는 풀 속으로 몰래 들어가 풀을 베기가 무척 힘들게 만들었다. 결국, 이반은 너무 화가 나서 온 힘을 다해 휘둘렀고, 한 번의 강력한 일격으로 새끼 악마의 꼬리가 잘려 나갔다. 새끼 악마는 고통스러워 울부짖으며 사방으로 뛰었다.

"고얀 놈! 네놈이 돌아와?" 하고 이반이 소리쳤다.

"전 다른 악마예요!" 하고 새끼 악마가 말했다.

"글쎄, 네가 누구든, 난 널 똑같이 혼내 줄 거야."

"제발 그러지 마세요! 제가 당신께 군인들을 만들어 드릴게요. 군인들이 당신을 위해 뭐든 다 할 거예요! 그냥 제가 하는 대로 똑같이 해 보세요."

새끼 악마가 짚 한 묶음을 집어 주문을 외우며 땅 위에 흩뿌렸더니, 각각의 짚이 군인으로 변했다.

"이거 파티에서 하면 멋지겠다! 자 이제, 짚을 말에게 먹여야 하니까 군인들을 다시 짚으로 되돌려 놔." 하고 이반이 말했다.

"그렇다면, 그냥 이렇게 말하세요. '이토록 많은 군인들이여, 이토록 많은 짚이여.'" 하고 새끼 악마가 말하자 짚이 다시 나타났다.

"그래, 하느님의 은총으로 가도 좋다." 하고 이반이 말했다.

이반이 하느님을 언급하자마자, 새끼 악마는 땅 속으로 뛰어들었고, 구멍 하나만 남았다.

p.92~93 둘째 새끼 악마가 자신의 형제들을 찾으러 왔지만 구멍 두 개와 숲에서 나무를 베어 넘어뜨리고 있는 이반을 발견했을 뿐이다. 자신이 직접 이반과 맞붙기로 결심하고, 그는 이반이 베어 넘어뜨리려는 나무의 가지들 속으로 기어 들어가서 나무가 땅으로 넘어지지 못하게, 나무를 다른 나무들의 가지들 속에 얽히게 만들었다. 이반은 악착같이 노력한 끝에 나무를 쓰러뜨리는데 겨우 성공했다. 이반이 두 번째 나무를 베어 넘어뜨리려고 했을 때, 그는 똑같은 문제에 부딪쳤고, 세 번째도 마찬가지였다. 지쳐 쉬고 있는 이반을 보자 새끼 악마는 기쁨으로 충만했다.

새끼 악마는 자축하며 나뭇가지에 앉아 있었는데, 이반이 갑자기 일어나서 나무에 굉장한 일격을 가했고, 그 때문에 나무가 바로 넘겨졌다. 순식간에, 새끼 악마는 이반의 발치에 떨어졌다.

너무 놀라, 이반이 소리쳤다. "고얀 놈! 네놈이 다시 돌아와?"

이반이 도끼로 새끼 악마에게 일격을 가하려고 하자 새끼 악마가 말했다. "저를 때리지 마세요! 만약 저를 용서해 주신다면, 원하시는 만큼 돈을 만들어 드릴게요. 이 참나무 잎들을 집어서 두 손으로 비비기만 하면 금화가 땅에 떨어질 거예요."

이반이 들은 대로 했더니, 즉시 금화가 그의 발치에 떨어지기 시작했다.

"이거 마을 소년들을 즐겁게 해 줄 멋진 장난이 되겠는걸. 하느님의 은총으로 가도 좋다." 하고 이반이 말했다.

하느님을 언급하자, 새끼 악마는 땅 속으로 사라졌고 그가 사라진 곳을 나타내는 구멍 외에는 아무것도 남지 않았다.

p.94~95 이반은 마을 농부들을 모두 모아 혀가 꼬부라질 때까지 함께 맥주를 마셨다.

어린 소녀들은 이반이 한 손에 빈 자루를 들고 비틀거리며 숲으로 걸어 들어가는 것을 보고 웃으며 말했다. "이반은 정말 바보야!"

곧, 이반은 금화로 가득 찬 자루를 가지고 돌아왔고, 웃으며 금화를 여기저기 흩뿌리자 농부들은 땅에 몸을 던져 금화를 잡아채고 싸웠다.

금화가 바닥나자, 이반은 헛간으로 가서 짚을 좀 찾았다. 곧 한 연대의 군인들이 마을 거리에 나타났다. 마을 사람들은 무척 놀라고 기뻐하였는데, 군인들이 이반의 명령에 따라 노래하고 춤을 췄던 것이다. 이반은 그러고 나서 군인들에게 헛간으로 돌아가라고 명령했는데, 그곳에서 이반은 군인들을 다시 짚으로 바꾸었다. 그 다음 이반은 잠으로 술기운을 떨치려 집으로 갔다.

2장 | 이반의 왕국

p.98~99 그맘때 황제의 딸이 병에 걸렸다. 황제는 공주를 치료하는 사람은 누구나 충분히 보상 받을 것이며, 그 사람이 미혼 남자라면 공주와 결혼할 수 있다고 선언했다. 이반은 황제의 딸이 불쌍하게 여겨져서, 궁전으로 가서 뿌리로 공주를 치료했다. 이반이 미혼이었기 때문에 그는 황제의 딸과 결혼했고, 얼마 후 황제가 죽자 이반은 통치자가 되었다.

바보 이반은 자신의 부와 권력을 즐기지 않기 때문에, 황제의 옷을 벗어 버렸고, 자신의 부모님과 형제들이 와서 함께 살도록 사람을 보내 그들을 모셔오게 했으며, 자신이 하던 예전 일에 복귀했다. 머지 않아 똑똑한 사람들은 모두 이반이 바보라는 것을 깨닫고 왕국을 떠났다. 이반의 아내를 포함해서 오직 바보들만이 남았는데, 이반의 아내 역시 바보였기 때문이었다. 그들은 오직 자신들의 노동으로 얻는 것들만 가지고 있었지만, 평화롭게 살았고, 부족함이 없이 생계를 이어갔으며 가난하고 아픈 사람들에게 나누어 줄 것이 충분했다.

p.100~101 늙은 악마는 새끼 악마들의 소식을 기다리기가 점점 지겨워져서 새끼 악마들을 찾으러 갔다. 구멍 세 개와 만족스럽고 행복하게 사는 이반 형제들을 발견하자 그는 매우 괴로웠다. 늙은 악마는 자신이 직

접 임무를 완수해야 한다는 것을 깨달았다. 그는 장군으로 변장하고 이반 앞에 나타나서 왕국의 통치자가 군대가 없다는 것은 불명예스러운 일이라고 이반에게 말했다.

이반은 이른바 장군이라는 사람의 충고를 받아들여 "그럼, 군대를 구성해도 좋소, 하지만 군인들에게 내가 좋아하는 노래를 부르는 것도 가르쳐야 하오." 하고 말했다.

그리하여 늙은 악마는 군대에 들어 올 신병을 찾으러 이반의 왕국을 돌아다녔지만, 아무도 입대하지 않았다. 그는 격노했고, 거부하는 사람은 누구라도 사형에 처하겠다고 협박했다.

이것을 듣고, 사람들은 장군에게 말했다. "장군께서는 우리가 입대를 거부하면 사형에 처하겠다고 말씀하시는데, 그건 우리가 군인이 되면, 일어날 일이잖아요. 어차피 죽을 거라면 집에서 죽는 것이 낫죠."

`p.102~103` 자신의 음모가 실패로 돌아가자, 늙은 악마는 타라카니아의 통치자에게 가서 이반의 왕국을 정복하라고 설득했다. 타라카니아의 통치자는 대규모의 군대를 소집해서 이반의 왕국에 쳐들어왔지만, 맞서 싸우는 사람을 발견하지 못했다.

그는 기다리고 기다렸지만 군대의 흔적이라고는 없었다. 그는 자신의 군인들을 보내서 마을들을 공격하게 했지만, 바보들은 자신들의 가축과 음식이 빼앗기는 데도 저항하지 않고 조용히 방관했다.

마을 사람들은 "여보게 친구들, 자네들의 나라에서 먹고 살기가 힘들다면, 와서 우리와 함께 살게나. 우리에겐 음식이 아주 많아." 하며 심지어 군인들에게 이곳에 머물며 함께 살자고 권하기까지 했다.

군인들은 이반 왕국에 있는 마을들에서 자신들이 받은 다정한 인사와 환대에 놀랐다. 마을 사람들이 무척이나 즐겁고 관대했기 때문에 군인들은 그들과 먹고 마시기로 하고, 더 이상 전진하기를 거부했다. 곧 군대는 해산했고 군인들은 평화롭게 집으로 돌아갔다.

`p.104~105` 늙은 악마는 군인들로 이반의 왕국을 무너뜨리는 데 실패하자, 이번에는 돈으로 이반을 이길 계획을 세웠다. 그는 상인으로 둔갑해서 한 손에 금화 자루를 들고 광장에 나타났다. 그는 사람들에게 금화를 보여주고 물건과 노동을 제공하면 금화로 지불 받을 것이라고 말했다. 바보들은 이 말을 듣고 즐거워했는데 이들의 거래는

전적으로 농작물을 교환하거나 필요한 것
이 무엇이든 품앗이로 이루어졌기 때문이
었다. 바보들은 금화의 대가로 일을 해 주고
상인에게 농작물을 가져다 주었다.

늙은 악마는 매우 기뻐하며 생각했다. '내 계획대
로 잘 진행되고 있군. 곧 내가 저 바보를 파멸시키고,
바보는 형제들과 싸우겠지.'

곧 바보들은 지역 사회 전체에 나누어 줄 만큼 충분한 금화를 벌게 되었고, 아이들
은 심지어 거리에서 금화를 가지고 놀기까지 했다. 모두들 금화를 많이 가지고 있어
서, 아무도 일하러 오지 않았고 아무것도 상인에게 가져다 주지 않았다. 늙은 악마는
배가 고파서 음식을 사려고 마을을 돌아다녔고 좋은 가격에 금화로 지불해 주겠다고
사람들에게 약속했지만, 아무도 관심을 보이지 않았다.

어느 농부는 "우리도 금화는 이미 많이 가지고 있지만 만약 당신이 예수님의 이름
으로 부탁한다면, 내가 아내에게 말해서 당신에게 빵 한 조각을 잘라 주라고 하겠소."
하고 말했다.

늙은 악마는 침을 뱉고 욕을 하면서 농부에게서 달아났다. 예수님의 이름으로는 말
할 것도 없고, 구걸을 한다는 것은 생각도 할 수 없었다. 그 이름을 말하는 것은 목구
멍에 칼을 박는 것과 같았다.

p.106~107 이반은 상인이 아주 딱하게 되었다는 말을 듣고 그를 저녁 식사에 초대했
다. 상인이 도착하자, 이반의 아내는 식사를 준비하는 동안 미심쩍은 듯이 상인을 바
라보았다. 그녀는 일은 하지 않으면서 많이 먹기만 하는 게으른 사람들에게 간혹 속은
적이 있었고, 그 때문에 손 상태를 보고 그들을 구별해 내는 법을 깨우쳤다. 매끈한 흰
손을 가진 사람들은 남은 음식을 먹어야 했지만, 손에 굳은 살이 박힌 사람들은 우선
적으로 식탁에 안내되었다.

늙은 악마가 식탁에 앉자, 이반의 아내는 그의 양손을 잡아 살펴보았다. 긴 손톱에,
두 손이 희고 깨끗한 것을 보자, 그녀는 늙은 악마를 식탁에서 멀리 끌어냈다.

이반의 아내는 늙은 악마에게 말했다. "저는 누구라도 그 사람의 손이 일을 해서 단
단해지지 않았다면 식탁에 앉는 것을 허락하지 않을 거예요. 저녁 식사가 끝날 때까지
기다렸다가 그 다음에 남은 것은 드셔도 좋아요."

늙은 악마는 매우 노여워했고, 이반에게 불평하며 말했다. "모든 사람이 일해야 한
다는 당신 왕국의 바보 같은 법은 분명 바보들이 만든 것이군요. 일이 모두 손으로 이

루어지는 것은 아니에요. 똑똑한 사람들이 손으로 일하는 줄 알아요? 제가 머리로 일하는 법을 알려드리겠는데, 이 방법이 아주 유용해요. 하지만 손으로 일하는 것보다 머리로 일하는 것이 훨씬 더 힘들다는 것은 알아야 해요."

이반은 이 말을 듣고 놀라서 말했다. "가르쳐 주시오! 그러면 우리의 손이 지쳤을 때 머리로 대신할 수 있으니."

p.108~109 늙은 악마는 음식을 먹지 못한 탓에 갑자기 매우 어지러웠다. 그는 비틀거렸고, 쓰러져서, 머리를 부딪혔다.

이반의 아내는 "저 신사분이 머리로 일하기 시작했어요." 하고 말했다.

늙은 악마는 몸을 추스려 일어난 후 이반의 집 현관 계단을 걸어 내려가려고 했지만, 다시 쓰러졌고, 머리부터 먼저 계단을 미끄러져 내려갔다. 사람들은 그가 머리로 계단을 하나씩 세고 있다고 생각했다.

"이런, 역시 저 사람이 한 말이 맞았네. 이건 손에 박힌 굳은 살보다 훨씬 더 지독하군." 하고 이반이 말했다.

늙은 악마가 계단 밑 땅에 머리를 부딪힌 것을 본 이반은 그가 얼마나 일을 했는지 보려고 다가갔는데 갑자기 땅이 열리더니 늙은 악마는 사라지고 그가 사라진 자리를 나타내는 구멍 하나만 남았다.

이반은 머리를 긁적이며 말했다. "이런 불쾌한 일이 있나! 저 악마가 새끼 악마들의 아버지인 것 같군."

이반은 여전히 살고 있으며, 사람들은 그의 왕국으로 몰려드는데, 그곳에는 절대 변하지 않는 단 하나의 준엄한 규칙이 존재한다. 거칠고, 일로 단련된 손을 가진 사람은 누구든 언제나 식탁에 자리가 주어지지만, 그렇지 않은 사람은 누구든 먹다 남은 음식에 만족해야 한다.